Emotionale Intelligenz Training

Die Emotionale Intelligenz mit über 13 praktischen Übungen im Alltag trainieren

Empathie lernen und Sozialkompetenz fördern

Julian Prusse

Inhaltsverzeichnis

Einleitung

Der Intelligenzquotient ist alles, was im Leben zählt? Von wegen! Die Bedeutung der Gefühle wurde wirklich lange unterschätzt, obwohl es so wichtig ist, diese zuzulassen, zu erkennen und entsprechend zu beachten. All das lässt sich zusammen mit der Empathie und dem Beziehungsmanagement zu dem Begriff der Emotionalen Intelligenz zusammenfassen. Aber warum sind diese Fähigkeiten überhaupt so wichtig?

Vor allem in Bezug auf das soziale Leben, auf Beziehungen zu allen Menschen und damit sogar im Beruf geht es darum, ob wir uns in andere Menschen hineinversetzen können. Wer die Gefühle anderer Menschen weder verstehen noch akzeptieren kann, wird auf zwischenmenschlicher Basis und in dieser Beziehung ziemlich sicher Probleme bekommen. Die anderen Menschen fühlen sich nicht verstanden, sie wollen oder können nicht über ihre Probleme sprechen und wenden sich schneller ab. Konflikte jeder Art sind dann ganz schnell eine Folge davon.

Du willst im Beruf erfolgreich sein? Mit Kunden gut zurechtkommen, die Vorgesetzten und Kollegen richtig einschätzen und mit ihnen optimal umgehen? Willst Du auch in privater Hinsicht Deine Beziehungen optimieren und lernen, Dich, Deine Bedürfnisse und Deine Gefühle richtig auszudrücken? Dann ist es an der Zeit, Deine Fähigkeiten in emotionaler Hinsicht zu verbessern. Emotionale Intelligenz umfasst schließlich nicht nur viele Bereiche, sondern kann auch in mehrfacher Hinsicht trainiert werden.

In diesem Buch lernst Du:

- Deine eigenen Gefühle zu erkennen und zuzulassen

- Kontrolle über Deine Gefühle zu erlangen und diese nicht mehr zu unterdrücken

- Die Gefühle Deiner Mitmenschen besser zu erkennen und einschätzen zu können

- Auf Deine Mitmenschen besser einzugehen

- Warum emotionale Intelligenz wichtig für den beruflichen Erfolg ist

- Wie Du Deine Beziehungen glücklicher und erfüllter gestalten kannst

Vielleicht fragst Du Dich wie so viele andere Menschen

auch, warum genau Du Dich mit der emotionalen Intelligenz beschäftigen solltest und wo der Sinn dafür liegt. Hier findest Du drei interessante Gründe, warum die Beschäftigung mit dem Thema von Bedeutung ist und warum es sich lohnt, weiterzulesen. Denn emotional intelligente Menschen

- sind beruflich ehrgeiziger, erfolgreicher und schneiden besser in Verhandlungen ab

- sind glücklicher und ausgeglichener und können auch mit Konflikten besser umgehen

- werden durch ihre sozialen Kompetenzen besser durchs Leben gehen – und werden nicht zuletzt von ihrem Umfeld mehr geschätzt und aufgesucht

Bist Du bereit für eine Veränderung im beruflichen genau wie im privaten Leben? Willst Du Deine emotionale Intelligenz nachhaltig steigern und damit nicht nur erfolgreicher, sondern auch glücklicher werden? Dann ist genau jetzt die Zeit für eine intensivere Beschäftigung mit dem Thema der emotionalen Intelligenz gekommen.

Emotionale Intelligenz: Was ist das?

Bei der Emotionalen Intelligenz handelt es sich um einen Begriff, der stark von dem US-amerikanischen Journalisten Daniel Goleman geprägt wurde. Dieser hatte 1990 sein Buch „Emotionale Intelligenz" veröffentlicht und damit den Begriff entscheidend in der Öffentlichkeit bekannt gemacht. Ursprünglich wurde diese Bezeichnung aber von John D. Mayer und Peter Salovey im Jahre 1990 erfunden. Die Wissenschaftler der bekannten Yale University und der University of New Hampshire haben diesen Begriff so genutzt, dass dieser eine Fähigkeit beschreibt, die das Verständnis der eigenen Gefühle und der Gefühle von anderen beschreibt. Die Emotionale Intelligenz, auch EQ abgekürzt, beschreibt damit eine ganz bestimmte Fähigkeit, die ebenfalls als eine Form der Intelligenz bezeichnet werden kann.

Wichtig ist dabei, dass es verschiedene Formen der Intelligenz gibt. Menschen, die schlecht mit Zahlen oder mit räumlichem Denken umgehen können, verlieren deshalb stets einige Punkte auf der Intelligenzskala. Dabei kann der EQ, also die Emotionale Intelligenz, dieser Personen sehr hoch sein und genau dadurch erklären sich dann persönlicher und beruflicher Erfolg. Denn ein Mensch mit einem nicht ganz so hohen IQ muss deshalb bei Weitem nicht erfolglos sein – ganz im Gegenteil! Emotionen in den Griff zu bekommen und Gefühle anderer Menschen zu verstehen, ist sehr wichtig und wurde über einen langen Zeitraum hinweg stark unterschätzt. Weitere Details über die Unterschiedene zwischen dem IQ und dem EQ findest Du ebenfalls in diesem Buch.

Die eigenen Gefühle, genau wie die fremden Gefühle richtig einzuschätzen, zu verstehen und dann auch noch zu beeinflussen – das alles ist Emotionale Intelligenz. Gemeint ist damit weder, völlig in den eigenen Gefühlen zu leben, noch, die Gefühle anderer Menschen ganz in sich aufzunehmen. Für einen besseren Einblick in alles, was Emotionale Intelligenz beinhaltet, erfährst Du jetzt mehr über die einzelnen Bereiche, die laut Daniel Goleman dazugehören. Ein Blick darauf ist auch für die späteren praktischen Übungen wichtig, die Deine Emotionale Intelligenz langfristig steigern können.

Daniel Goleman teilte in seinem Buch, welches er im Jahre 1997 geschrieben hatte, die Emotionale Intelligenz in die **vier folgenden Bereiche** ein:

- ## Selbstwahrnehmung

Mit der Selbstwahrnehmung ist in diesem Fall die Wahrnehmung der eigenen Gefühle gemeint. Bist Du in der Lage, Deine Gefühle wahrzunehmen, zuzulassen, diese zu erkennen und kannst Du diese auch verstehen? Diese Fähigkeit lässt sich ganz klar durch verschiedene Übungen steigern und verbessern, da es nicht jedem von Anfang an leichtfällt, die eigenen Gefühle stets zu verstehen. Es sorgt für mehr Ausgeglichenheit und innere Ruhe, wenn die Gefühle verstanden und richtig eingeordnet werden. Ein Gefühlschaos oder verwirrende, nicht näher bestimmbare Gefühle sind damit ausgeschlossen und gehören nicht zu einer guten Selbstwahrnehmung. Bevor es darum geht, die Menschen in der Umgebung zu verstehen und zu analysieren, muss man schließlich erst einmal sich selbst verstehen.

Kennst Du Dich selbst, weißt Du, wieso Du so fühlst, wie Du fühlst, und kannst Du Dich richtig wahrnehmen? Solche Fragen zu beantworten und sich selbst und die eigenen Gefühle richtig wahrzunehmen, genau das ist mit Selbstwahrnehmung gemeint, die als einer der Grundpfeiler der Emotionalen Intelligenz bezeichnet werden kann.

- **Selbstmanagement**

Eng mit der Selbstwahrnehmung verbunden ist das Selbstmanagement. Hier geht es darum, dass die eigenen Gefühle kontrolliert werden können. Wer es schafft, seine eigenen Gefühle nicht nur zu erkennen, sondern auch zu kontrollieren, ist auf dem besten Weg, seine Handlungen ebenfalls selbst bestimmen zu können. Wer aufgrund der empfundenen Gefühle plötzlich ausrastet oder zu unkontrollierten Handlungen neigt, sollte noch an seinem Selbstmanagement arbeiten. Ein einfaches Beispiel wäre hier jemand, der sehr eifersüchtig ist und diese Gefühle eben nicht kontrollieren kann. Der Ausbruch von Eifersucht mit einer großen Szene, einem Streit und vielleicht mit dem Ende der Beziehung ist daher ein klares Zeichen von fehlendem Selbstmanagement. Es ist aber auch hier möglich, mit Zeit, Geduld und passenden Übungen diese Kontrolle zu erlangen und die eigenen Handlungen entsprechend zu beeinflussen.

Passend dazu erfährst Du später im Buch Details zum Thema, wie Du Deine eigenen Gefühle kontrollieren kannst. Hier gehört nicht zuletzt auch die Akzeptanz der Gefühle dazu – genau wie die Erkenntnis, dass man selbst für die Gefühle verantwortlich ist. Im Normalfall ist nicht der andere an einer Eifersuchtsattacke schuld, zumindest in den meisten Fällen wird das nicht so sein. Genau das ist mit dem Punkt Selbstmanagement gemeint, sodass jeder Mensch am besten lernen sollte, die eigenen Gefühle besser zu steuern. Stelle Dir einmal eine Welt vor, in der grundlose Eifersucht, eine vermeintliche Ausgrenzung und so viele andere Gefühle nicht mehr auf diese Weise empfunden werden. Menschen mit einer höheren Emotionalen Intelligenz können genau das erreichen, einfach, weil sie gelernt haben, wie man mit solchen Gefühlen und der eigenen Reaktion umgehen kann. Mit ein wenig Übung ist das in jedem Fall möglich, und so erweist sich Selbstmanagement als sehr hilfreich, wenn es um zwischenmenschliche Beziehungen geht.

• Beziehungsmanagement

Ohne Gefühle wären Beziehungen gar nicht denkbar und könnten so nicht gelebt werden. Zuneigung, Liebe, Wut, Verlustängste, Verständnis oder Eifersucht sind nur einige von unzähligen Gefühlen, die im Rahmen von Beziehungen auftreten können. Daher gehört das Beziehungsmanagement ebenfalls zu einem wichtigen Bestandteil von Emotionaler Intelligenz. Die Beziehungen mit anderen Menschen richtig zu verstehen, zu analysieren und am Ende auch zu beeinflussen – genau das ist mit Beziehungsmanagement gemeint. Hier gibt es ebenfalls viele Möglichkeiten, die eigenen Fähigkeiten und damit die zwischenmenschlichen Beziehungen zu verbessern. Harmonische, gut funktionierende und wohltuende zwischenmenschliche Beziehungen sind schließlich nicht zu unterschätzen und bieten einen großen Wert im Leben.

An dieser Stelle zeigt sich auch, dass alle hier genannten Bereiche der Emotionalen Intelligenz ineinandergreifen. Wenn Du Dir Deiner eigenen Gefühle nicht bewusst bist, kannst Du diese auch nicht richtig deuten, leben oder gar mit ihnen umgehen. Falls Du Dir Deiner Gefühle zwar bewusst, jedoch nicht in der Lage bist, diese auf Dich selbst zu beziehen und damit umzugehen, wirst Du ebenfalls Probleme in allen zwischenmenschlichen Beziehungen haben.

Um diese Tatsache zu verdeutlichen, brauchen wir nur beim vorherigen Beispiel der grundlosen Attacke von Eifersucht zu bleiben. Der Partner wird vermutlich irgendwann keine Lust mehr auf diese Beziehung haben, da die ständige Eifersucht stark belastet, immer wieder zu Konflikten führt und doch sowieso nichts dagegen unternommen werden kann. In solchen Situationen macht der andere meist wenig bis gar nichts, um diese Anfälle von Eifersucht so stark zu provozieren. Das wird von dem eifersüchtigen Part in der Beziehung aber leider nicht auf diese Weise verstanden. Wenn diese Person aber lernt, die Gefühle für sich selbst zu erkennen, die Ursachen zu betrachten und dagegen vorzugehen, wird es ohne Frage leichter. Daher gehört das Beziehungsmanagement ganz klar zum

Gesamtpaket der Emotionalen Intelligenz und hilft dabei, glücklichere und deutlich harmonischere Beziehungen zu führen. Egal ob mit einem Partner, mit Freunden oder mit Mitgliedern der Familie.

• **Empathie**

Neben dem Verständnis der eigenen Gefühle spielt es natürlich auch eine Rolle, die Gefühle der anderen zu verstehen. Dieses Verständnis und das damit verbundene große Einfühlungsvermögen werden als Empathie bezeichnet und sind im Leben ebenfalls sehr wichtig. Darüber hinaus geht es bei der Empathie nicht nur um das Verständnis der Gefühle der anderen, sondern auch darum, diese zu beeinflussen. Stelle Dir einmal vor, dass Du in einem Gespräch mit Freunden die Gefühle der anderen verstehen, Dich in sie hineinfühlen kannst. Dann kannst Du Deine Freunde aber auch noch beeinflussen und ihnen im besten Fall dabei helfen, sich besser, erleichtert und angenommen zu fühlen. Solche Freunde oder einen solchen Partner wünscht sich doch so ziemlich jeder und es ist schön, wenn andere Menschen versuchen, die eigenen Gefühle zu verstehen und die richtigen Dinge sagen, damit man sich selbst besser fühlt. Das ist mit Empathie gemeint, die oft auch einfach als Einfühlungsvermögen bezeichnet wird und den letzten Bereich der Emotionalen Intelligenz beschreibt.

Neben Golemans Werk wird bei der Bestimmung der Emotionalen Intelligenz auch immer wieder das Werk von Bar-On aus dem Jahre 1997 zur Bestimmung der Bestandteile von einem hohen EQ genannt. Reuven Bar-On war ebenfalls eine der einflussreichen Persönlichkeiten, die sich mit der Emotionalen Intelligenz beschäftigt haben. Laut seinem Werk können die zuvor genannten Kategorien, die zusammen den EQ ergeben, noch ein wenig weiter unterteilt werden. Die EI ist laut Bar-On eine ganze Reihe von Fähigkeiten, die nicht kognitiv sind, und die besagen, wie gut ein Mensch mit den Anforderungen durch die Umwelt umgehen kann. Neben den Anforderungen ist auch von Belastungen die Rede, sodass die Fähigkeiten eine wichtige Rolle spielen, wenn es darum geht, mit den alltäglichen Dingen im Leben zurechtzukommen. Folgende Fähigkeiten beinhaltet die Emotionale Intelligenz laut Bar-On:

- Selbstachtung

- Empathie

- Ein emotionales Selbstbewusstsein

- Die Kontrolle der Emotionen

- Die Toleranz gegenüber Stress

- Die Fähigkeit, soziale Probleme zu lösen

- Eine gewisse Anpassungsfähigkeit oder auch Flexibilität

- Beziehungen zu anderen Menschen zu führen

- Der Bezug zur Realität

- Die allgemeine Stimmung, also ob jemand optimistisch oder eher pessimistisch ist

Du siehst also, dass Emotionale Intelligenz viele Bereiche beinhaltet, die für das Privatleben, für den Beruf und nicht zuletzt auch für soziale Kontakte sehr wichtig sind. Alle Bereiche sind miteinander verbunden und so lassen sich Defizite in dem einen Teil nicht wirklich komplett durch Stärken in einem anderen Bereich ausgleichen. Grundsätzlich macht es Sinn, zunächst bei sich selbst anzusetzen und dann erst auf die Gefühle der anderen oder den Umgang damit einzugehen. Auf diese Weise kannst Du Dich Schritt für Schritt verbessern.

In den nächsten Kapiteln erfährst Du mehr über die Bedeutung von Emotionaler Intelligenz und darüber, in welchen Bereichen des Lebens diese wichtig ist. In jedem Fall kann diese Intelligenz gesteigert werden und bleibt ganz klar nicht auf einem Niveau stehen, sodass Du Dir keine Gedanken machen musst, falls im Moment noch Defizite in einzelnen Bereichen bestehen. Wie in allen Bereichen der Persönlichkeitsentwicklung ist Erstaunliches möglich, wenn nur die richtigen Übungen genutzt werden und der entsprechende Wille zur Veränderung vorhanden ist.

Bist Du neugierig, wie Du Deine Fähigkeiten gezielt steigern kannst? Dann begleite unsere Beispielperson Sebastian später durch die praktischen Übungen, führe diese selbst durch und lasse Dich langfristig von den Ergebnissen beeindrucken. Es besteht in jedem Fall kein Grund, mögliche Defizite beim Verständnis der eigenen Gefühle oder der Gefühle von anderen einfach hinzunehmen. Wenn Du gezielt an Dir selbst arbeitest, ist eine Verbesserung in allen Bereichen möglich – was sich am Ende auch in allen Beziehungen in Deinem Leben widerspiegeln wird.

Bevor es zum praktischen Teil mit passenden Übungen kommt, erfährst Du jetzt aber erst einmal mehr über die Bedeutung der Emotionalen Intelligenz. Auf diese Weise ist es auch leichter nachzuvollziehen, warum überhaupt Energie darauf verwendet werden sollte, und warum eine Steigerung der bereits vorhandenen Fähigkeiten so wichtig im Leben ist. Denn eines sollte von Anfang an gesagt werden: Der EQ steigt im Erwachsenenalter immer weiter, wenn die Fähigkeiten gefördert werden. Am Ende sind die sozialen Fähigkeiten oft wichtiger, als die reine analytische Intelligenz. Schließlich wirst Du keine Beziehung durch die Nennung von tollen Statistiken retten und in einem Verkaufsgespräch mit einfachen Zahlen keinen Verkauf erzielen. Dabei geht es immer um etwas mehr: Die Emotionen und das Verständnis dieser Emotionen. Genau deshalb ist Emotionale Intelligenz in vielen Bereichen des Lebens von großer Bedeutung.

Was ist Emotionale Intelligenz? Die **Zusammenfassung**:

- Ein Begriff, der vor rund 100 Jahren erfunden wurde.

- Kontrolle und Akzeptanz der Gefühle sowie das Mitfühlen mit anderen Menschen.

- Es gibt nicht nur die rationale Intelligenz, sondern auch die Intelligenz der Emotionen.

- Goleman teilt Emotionale Intelligenz in folgende Bereiche ein: Selbstwahrnehmung, Selbstmanagement, Beziehungsmanagement, Empathie.

- Eine hohe Emotionale Intelligenz wirkt sich eindeutig positiv auf den beruflichen und privaten Erfolg aus.

Die Bedeutung von Emotionaler Intelligenz

Lange glaubte man, dass der Intelligenz-Quotient, also der IQ, die wichtigste Komponente ist, um ein erfolgreiches Leben zu führen. Später stellte man jedoch fest, dass auch Eigenschaften wie Selbstbewusstsein, Einfühlungsvermögen und Kommunikationsfähigkeit wichtig sind, um erfolgreich sein zu können. Die kognitive Intelligenz ist also nicht unbedingt allein ausschlaggebend für den Erfolg in allen Bereichen des Lebens. Goleman ist übrigens überzeugt davon, dass die Emotionale Intelligenz nicht nur die Grundlage für beruflichen, sondern auch für den privaten Erfolg darstellt. Warum? Das zeigen schon die einzelnen Bereiche, die laut Goleman in der Emotionalen Intelligenz enthalten sind. Diese sind schließlich nicht nur in beruflicher, sondern ganz klar auch in privater Hinsicht von Bedeutung. EI soll also im Beruf von Vorteil sein und auch privat zu mehr Zufriedenheit und einem höheren Selbstwertgefühl beitragen. Daher ist es wichtig, die Bedeutung und die Gründe für mehr Emotionale Intelligenz auf verschiedenen Ebenen zu betrachten.

Durch Emotionale Intelligenz kannst Du zum Beispiel:

- Deine Ängste reduzieren

- Deine Motivation steigern

- Dich gut in andere Menschen hineinversetzen

- Stresssituationen besser bewältigen

- Dein Zeitmanagement verbessern

- Konflikte sinnvoll lösen

- Lernen, Deine Meinung selbstbewusst zu vertreten

Diese Punkte sind sicherlich in vielen Lebensbereichen und in verschiedenen Situationen stark von Vorteil. Wenn Du weniger Angst hast, Konflikte besser lösen und Dich stärker motivieren kannst, wirst Du genau dadurch schon viel erreichen. Schauen wir uns aber noch einmal genauer an, warum und wann EI im Berufsleben und im Privatleben von Vorteil ist. Ein genauer Blick auf die Vorteile zeigt dann schnell, warum es so wichtig ist, an sich selbst zu arbeiten und die jeweiligen Fähigkeiten zu verbessern.

Wann ist die Emotionale Intelligenz im Berufsleben von Vorteil?

In der Arbeitswelt gab es lange gar keinen Platz für Emotionen und Gefühle. Diese wurden häufig eher als menschliche Schwäche und nicht als eine mögliche Stärke, die im Leben weiterhelfen kann, verstanden. Sowohl Arbeitnehmer als auch Arbeitgeber unterdrückten deshalb ihre Emotionen lange. Das ist in anderen Kulturen wie beispielsweise in Asien noch sehr viel ausgeprägter als hierzulande, doch auch in Europa hatten Emotionen lange keinen wirklichen positiven Stellenwert im Berufsleben. Ein cholerischer Chef wird doch genauso verurteilt wie jemand, der ständig sämtliche Gefühle ganz offen zur Schau stellt und extrem emotional reagiert. Diese Menschen werden nicht nur verurteilt, sondern verlieren je nach Rang und Land auch schnell an Respekt und werden meist für schwach gehalten.

Gleichzeitig muss sich der Mensch an die schnelllebige Entwicklung anpassen und Sicherheit und Stabilität kommen zu kurz. In der Folge leiden die Mitarbeiter vieler Unternehmen zunehmend unter psychischen Erkrankungen und die Zahl der Krankentage erhöht sich ständig. Die Gründe für psychische Erkrankungen in Unternehmen sind übrigens selten Zeitdruck oder schwierige Aufgabenstellungen. Es ist der Umgang miteinander. Wenn die

Kommunikation fehlt, kommt es oft zu Gerüchten und Informationen werden falsch weitergegeben. Doch auch Konkurrenzkampf und Neid führen zu Unstimmigkeiten, negative Gefühle prallen aufeinander und es kommt zur regelrechten Schikane. Zahlreiche Arbeitnehmer melden sich nicht immer krank, weil sie wirklich körperlich krank sind. Das Gefühl, ausgebrannt zu sein, Angst vor der Arbeit und vor den Kollegen vor Ort zu haben, oder die pure Überforderung mit den zwischenmenschlichen Situationen führen zu sehr vielen Krankheitstagen. Diese mindern den persönlichen beruflichen Erfolg genau wie den Erfolg des Unternehmens und ein solches Verhalten macht im Normalfall eindeutig nicht glücklich oder zufrieden.

Wenn Kollegen sich gegenseitig nicht mehr unterstützen, kann es zu Auftragseinbußen kommen. Projekte scheitern, die Zahl der Krankentage steigt wie zuvor beschrieben immer weiter an und es kommt zu einem häufigen Wechsel der Mitarbeiter. Zahlreiche Krankentage kosten Unternehmen Unsummen und können den Unternehmenserfolg stark ausbremsen. Schließlich ist es nicht nur das Geld, auch die Arbeit bleibt liegen oder kann nicht mehr fristgerecht übernommen werden. Mit starken negativen Folgen für betroffene Unternehmen.

All diese Aspekte und die zwischenmenschlichen Probleme schlagen sich natürlich immer negativ auf das ganze Unternehmen nieder. Die heutigen Firmen sind daher auf der Suche nach Mitarbeitern, die mit ihren Empfindungen und denen der Kollegen besser umgehen können. Soziale Kompetenzen und Soft Skills nehmen im Berufsleben einen immer höheren Stellenwert ein. Zu den sogenannten Hard Skills gehören berufliche Qualifikationen und fachliche Kompetenzen. Die Soft Skills beschreiben wiederum persönliche Eigenschaften und Kompetenzen. Neben den Hard Skills erlangen die Soft Skills im Berufsleben immer mehr Bedeutung und Arbeitgeber legen auf diese Eigenschaften Wert. Gefühle haben also doch einen Platz im Berufsleben, zumindest ist das seit einigen Jahren verstärkt der Fall. Denn mittlerweile ist den Unternehmen und den Mitarbeitern in Personalabteilungen bewusst geworden, dass die besten Referenzen und die größte Erfahrung gar nichts bringen, wenn mit der Person keine Zusammenarbeit möglich ist.

Zu oft sind Mitarbeiter in einem Team vorhanden, die gar nicht im Team arbeiten können, Kollegen gerne ignorieren, diese gar nicht unterstützen oder bei der kleinsten Kritik völlig ausflippen. Sicherlich bist auch Du schon einmal mit einem solchen Verhalten in Berührung gekommen und hast Dich vielleicht darüber geärgert. Damit ist genau das gemeint: Menschen, denen die wichtigen Soft

Skills für die Zusammenarbeit fehlen, ecken schnell an und können dem Erfolg eines Unternehmens schaden. Von dem Aufwand der Krankheitstage und der Suche nach neuem Personal einmal ganz zu schweigen. Es ist daher wenig verwunderlich, dass Seminare zum Thema Teambuilding in Unternehmen immer häufiger abgehalten werden und zur Unternehmenskultur dazugehören. Der Grund dafür ist, dass eine gute Zusammenarbeit als besonderes wichtig eingestuft wird und zum Erreichen dieses Ziels auch nicht gerade wenig Geld ausgegeben wird.

Zu den wichtigen **Soft Skills** zählen zum Beispiel:

- Ehrgeiz

- Flexibilität

- Kritikfähigkeit

- Selbstdisziplin

- Fähigkeit zum Teamwork

- Zielorientierung

- Belastbarkeit

- Selbstreflexion

Emotionale Intelligenz im Beruf verhilft Dir also zu einem besseren Umgang mit Deinen Vorgesetzten und Kollegen. Dies wiederum ermöglicht Dir auf Dauer ohne Frage bessere Karrieremöglichkeiten, als es ohne die Entwicklung von den Gefühlen möglich wäre. Auch Führungskräfte mit einem hohem EQ sind häufig erfolgreicher als andere, da sie emotionale Konsequenzen ihrer Entscheidungen besser abschätzen können. Eine Studie der Universität Bonn aus dem Jahr 2010 belegt außerdem, dass emotional intelligente Menschen beruflich ehrgeiziger sind. Dadurch erreichen sie häufig nicht nur höhere Positionen, sondern auch höhere Gehälter als weniger emotional intelligente Menschen.

Denn emotional intelligente Menschen beweisen häufig ein besseres Verhandlungsgeschick. Kein Wunder, da sie doch in der Lage sind, sich in ihr Gegenüber einzufühlen und genau die Dinge zu sagen, die für einen erfolgreichen Ausgang der Verhandlung wichtig sind. Das mag jetzt vielleicht nach Manipulation klingen – Tatsache ist jedoch, dass mit schlichtem Einfühlungsvermögen schon ganz viel erreicht werden kann. Ganz allgemein kommunizieren Menschen mit einer hohen Emotionalen Intelligenz auch besser mit Kollegen, ihren Vorgesetzten und anderen Menschen und können ihre Emotionen gut bewältigen.

Menschen, die emotional intelligent sind, können sich also meist gut selbst motivieren, sie können ihre Gefühle bewusst steuern und sich in ihre Mitmenschen einfühlen. Meist sind emotional intelligente Personen auch beliebte Gesprächspartner, da sie gut zuhören können und ihrem Gegenüber das Gefühl geben können, verstanden zu werden. Mit der emotionalen Intelligenz geht meist auch eine gute Sozialkompetenz einher. Emotional intelligente Menschen finden leichter einen Partner und führen auch über längere Zeiträume gut funktionierende Beziehungen. Besitzt Du eine hohe emotionale Intelligenz, dann weißt Du auch besser um deine Schwächen und Stärken. Du verstehst Deine Bedürfnisse und kennst Deine Motivation für das, was Du tust. Du bist zielorientiert und kannst direkt deutlich besser mit Konflikten genau wie mit Kritik umgehen.

Die Bedeutung der Emotionalen Intelligenz für das Berufsleben sowie für den beruflichen Erfolg ist daher sehr hoch und sollte nicht unterschätzt werden. Es gibt eben noch viel mehr Dinge, die für eine gute Arbeit und den damit verbundenen Erfolg nötig sind, als nur das reine Wissen um die Materie oder einen Titel, der im Beruf die Türen öffnen soll. Mit dem Titel und einem tollen Lebenslauf wirst Du vielleicht zum Vorstellungsgespräch eingeladen, bestehst dieses aber eventuell nicht, falls deine emotionalen Fähigkeiten nicht ausgeprägt genug sind.

Daher gibt es genug Gründe, um die eigenen Fähigkeiten in Bezug auf die Emotionale Intelligenz zu verbessern und damit erfolgreicher im Berufsleben zu werden.

Emotionale Intelligenz im Privatleben

Emotionale Intelligenz hilft Dir dabei, glückliche Beziehungen und Freundschaften zu führen. Denn Beziehungen sollten immer aus einem Gleichgewicht bestehen. Emotionale Intelligenz bedeutet hierbei zum Beispiel, dass Du offen kommunizierst und Deinem Partner Deine Gedanken und Gefühle mitteilst. Sei offen für die Bedürfnisse Deines Partners aber kommuniziere ebenso Deine Bedürfnisse und lasse Deinen Partner an Deinen Wünschen und Zielen teilhaben. Konflikte solltet ihr gemeinsam lösen und auch der Umgang mit stressigen Situationen ist eine Frage der emotionalen Intelligenz. Anders gesagt: Die Beziehung mit emotional intelligenten Menschen ist ganz klar harmonischer, entspannter und wird weniger von Missverständnissen bestimmt, die aufgrund von mangelhafter Kommunikation schnell entstehen können.

Soziale Kompetenzen und Emotionale Intelligenz sind deshalb auch im Privatleben von großer Bedeutung. Die beiden Begriffe werden häufig synonym genannt, doch eigentlich bildet die Emotionale Intelligenz sozusagen die Grundlage der Sozialen Kompetenz. Dafür ist es zunächst einmal wichtig, dass Du Deine eigenen Gefühle wahrnehmen kannst. Wenn es Dir gelingt, Deine eigenen Gefühle zu steuern, wird Dir dies zu Erfolg, zu mehr Zufriedenheit und Ausgeglichenheit verhelfen. Mittels der sozialen Kompetenz gelingt es Dir außerdem besser, Dich in andere Menschen hineinzuversetzen und deren Verhalten nachzuvollziehen.

Soziale Kompetenz hilft Dir also dabei,

- Dich selbst und Deine Mitmenschen besser zu verstehen

- die Gefühle und Bedürfnisse anderer Menschen wahrzunehmen und passend darauf zu reagieren

- Dich besser in eine Gruppe einzufügen und diese dann auch positiv zu beeinflussen

- auch mit schwierigen Mitmenschen gut umzugehen

Natürlich kannst Du Dich darüber ärgern, dass ein Beamter einen Fehler bei der Bearbeitung Deines Antrages gemacht hat, Dein Kind eine schlechte Note in der Schule erreicht hat oder Du im Stau stehst. Du könntest andere Menschen für Dein aktuelles „Unglück" verantwortlich machen, dies hilft Dir allerdings nicht weiter. Es erhöht nur den Ärger, bringt noch mehr negative Gefühle in diese Situation und trägt dennoch nicht zur Lösung der Situation bei.

Wichtiger ist es an dieser Stelle, einen sinnvollen Lösungsansatz zu finden und die Geschehnisse zu hinterfragen. Der Fokus auf positive Gefühle, ein Verständnis der Konflikte oder der Situation und das Bewusstsein, dass die Wut nichts bringt, kann schon einiges verändern. Ein hoher EQ wird nicht jedem Menschen in die Wiege gelegt. Emotionale Intelligenz lässt sich aber glücklicherweise trainieren. Am Ende bringt ein IQ von 150 schließlich nur ganz wenig, wenn die sozialen Kompetenzen und das Bewusstsein eigener Gefühle und das Verständnis der Emotionen der anderen gar nicht vorhanden sind. Oder zumindest noch nicht so ausgeprägt sind, wie es an dieser Stelle zu wünschen wäre.

Emotionale Intelligenz verbessern

Emotionale Intelligenz wächst mit der Lebenserfahrung, sie ist also immer ausbaufähig und braucht definitiv nicht auf einem Niveau zu bleiben. Ganz im Gegenteil: Mit dem Wunsch und dem entsprechenden Bewusstsein kannst Du viel erreichen und Dich im Laufe der Zeit immer weiter verbessern. Um Deine Emotionale Intelligenz zu verbessern, kannst du zum Beispiel Tagebuch führen und darin Deine Gefühle und Gedanken reflektieren. Die Selbstreflexion durch ein Tagebuch ermöglicht es Dir, Dir über Deine Gefühle und Verhaltensweisen bewusster zu werden. Die Selbstreflexion ist auch ganz allgemein eine gute Möglichkeit, deine Emotionale Intelligenz zu verbessern. Du willst mehr darüber erfahren? Dann lies die Übungen in diesem Buch durch, da Du dort viele Anregungen findest, wie Du unter anderem Deine Selbstreflexion verbessern kannst.

Eine weitere Möglichkeit, um Deine Emotionale Intelligenz zu schulen, ist die Beobachtung Deiner Mitmenschen. Durch das bewusste Beobachten des Verhaltens, der Körpersprache, Mimik, Gestik und Stimmlage lernst Du im Übrigen nicht nur Deine Mitmenschen besser kennen, sondern auch Dich selbst. Was Dir ebenso helfen kann, emotional intelligenter zu werden, ist beispielsweise das Lesen von Sachbüchern und Biografien. Auch durch Ratgeber über die Themen Soziale Kompetenzen, Kommunikation und Emotionalität kannst du deine Emotionale Intelligenz verbessern. Des Weiteren kannst Du durch Coaching oder Seminare zum Thema lernen, Deine Emotionale Intelligenz zu erhöhen. Übungen zu diesen Themen findest Du ebenfalls später im Buch.

Auch Meditation kann Dir helfen, Deine Emotionale Intelligenz zu verbessern. Die Meditation gilt als eine der ältesten, mentalen Techniken. Sie soll Dir dabei helfen, Dich zu fokussieren, Gefühle besser zu erkennen und Grübelgedanken loszulassen. Meditation hilft Dir aber auch, Deine Emotionale Intelligenz zu trainieren und Deine Wahrnehmung zu schulen. In den folgenden Kapiteln wirst Du noch mehr über Meditation sowie über die zahlreichen anderen Optionen erfahren, die Dir auf dem Weg zu mehr Emotionaler Intelligenz helfen werden. Außerdem erhältst Du ganz konkrete Anleitungen zu Übungen und Tipps, um Deine Emotionale Intelligenz Schritt für Schritt zu verbessern.

Die Bedeutung von Emotionaler Intelligenz in der **Zusammenfassung**:

- Mehr Erfolg im Beruf und im Privatleben

- Besseres Verständnis Deiner Mitmenschen, Kollegen und Freunde

- Selbstmotivation fällt deutlich leichter.

- Beziehungen können glücklicher gelebt werden

- Eigene Gefühle werden besser erkannt, akzeptiert und gelebt

- Gefühle der anderen können besser verstanden und nachvollzogen werden

- Bessere Grundlage für Verhandlungen, für den Verkauf und für Präsentationen vor Kunden und Kollegen

EQ oder IQ – Unterschiede und Gemeinsamkeiten

Von einem IQ haben die meisten Menschen schon einmal gehört und vielleicht hast Du auch schon einmal einen Intelligenztest durchgeführt oder zumindest Teile von einem solchen bearbeitet. Vor einigen Jahren war dieses Thema noch stärker in den Medien vertreten als heute und gefühlt jeder führte einen solchen Intelligenztest durch. Teilweise mit freudigem, teilweise mit eher negativem Ergebnis, abhängig von der genauen Zahl, die im Test herauskam. Schließlich möchte wirklich niemand als dumm bezeichnet werden oder die Antwort schwarz auf weiß vor sich liegen haben, dass man vielleicht doch nicht so intelligent ist, wie man selbst von sich immer angenommen hat.

Zum Glück ist heute aber klar, dass der IQ nicht alles ist und es noch andere Faktoren im Leben gibt, die wichtig sind. Neben dem IQ ist schließlich in Bereichen wie in Unternehmen, bei Einstellungstests oder in Bezug auf die Persönlichkeit oder die Werte immer wieder die Rede von einem EQ. Mit dem EQ ist am Ende nichts anderes als die Emotionale Intelligenz gemeint. Doch kommen wir erst einmal zu den Gemeinsamkeiten genau wie zu den Unterschieden beider Begriffe.

Der IQ eines Menschen wird durch einen Intelligenztest erschlossen, der zuvor bereits genannt wurde. Der Intelligenzquotient, wie der IQ in der Langform genannt wird, beschreibt die Fähigkeit, Aufgaben und Probleme flexibel und effektiv lösen zu können. Zudem umfasst der IQ mathematische und verbale Fähigkeiten, es geht also um logisches Denkvermögen. Im Gegensatz zum EQ gilt der IQ als angeboren. Der Wert lässt sich also nicht einfach willkürlich beeinflussen. Wer mit einem niedrigen IQ geboren wird, kann im Leben nicht plötzlich zum Genie im eigentlichen Sinne werden. Anders herum gilt es aber genauso, denn ein von Geburt an sehr hoher IQ wird nicht plötzlich extrem niedrig werden. Wer keinerlei mathematisches Verständnis hat oder Probleme nicht ohne Weiteres gut lösen kann, wird diese Dinge nicht erlernen können.

Forscher haben jedoch herausgefunden, dass sich der Intelligenzquotient bei Jugendlichen noch einmal relativ stark verändern kann. So ganz stimmt die Aussage mit einem angeborenen Wert daher nicht, da es sonst so verstanden wird, als wäre der Wert ganz unveränderlich und könnte nicht beeinflusst werden.

Einmal klug heißt also nicht immer klug. Forscher gehen davon aus, dass der IQ während der Pubertät noch mal um 20 Punkte nach oben oder unten schwanken kann. Das ist nicht gerade ein geringer Wert! Trotzdem ist die Differenz noch nicht groß genug, sodass jemand mit einem geringen IQ in der Pubertät zum verkannten Genie wird. Lange hatte man jedoch geglaubt, dass der IQ unveränderlich sei und gar keinen Schwankungen unterliegen könnte. Im Erwachsenenalter ist es allerdings kaum noch möglich, den eigenen IQ zu steigern. Jedoch können Erwachsene dem Abbau des IQs entgegenwirken: Durch Training. Der IQ gilt also bis zu einem gewissen Grad als angeboren und genau dieser Punkt ist jetzt wichtig – denn der EQ ist kein angeborener Wert und kann in jedem Alter und in jeder Lebenslage gesteigert werden.

Beantworte die folgenden Fragen mit Ja ODER Nein, um zu erfahren, ob Du über einen hohen IQ verfügst:

- Ich verfüge über einen sehr ausgeprägten Wortschatz und eine ausdrucksvolle Sprache.

- Ich bin sehr neugierig und wissbegierig.

- Ich gebe eher rational ausgeprägte Kritik.

- Probleme kann ich nach meinem eigenen Wissensstand rational und neutral beurteilen.

- Mein logisches Denkvermögen ist stark ausgeprägt.

- Ich kann Zusammenhänge schnell durchschauen.

- Mein räumliches Vorstellungsvermögen ist sehr gut ausgeprägt.

- Ich arbeite zielstrebig, selbstkritisch, mitunter auch perfektionistisch.

Konntest Du die meisten Fragen mit Ja beantworten, dann kannst Du davon ausgehen, dass Dein IQ relativ hoch ist. Es handelt sich aber hier nur um einen recht groben Richtwert und keinesfalls um eine genaue Aussage über den IQ. Es gibt auch zahlreiche kostenlose IQ-Tests im Internet, die Du lösen kannst. Bei diesen Tests erhältst Du ein präzises Ergebnis über Deinen Intelligenzquotienten.

Ab einem IQ von 130 spricht man übrigens von Hochbegabung, dennoch sind IQ-Tests beliebt und umstritten zugleich. Hochbegabte ecken leider auch oft an und gelten schnell als arrogant oder besserwisserisch. Ein hoher IQ ist eben auch kein Garant für ein erfolgreiches Leben. Um emotionale und soziale Kompetenzen kommst Du also nur schwer herum, wenn Du Wert auf ein positives, soziales Miteinander legst. Neben dem IQ und dem EQ wird mittlerweile aber auch die CQ (Cultural Intelligenz) immer wichtiger. In einem späteren Kapitel erfährst Du mehr dazu. Selbst ein niedriger IQ oder ein nicht so gutes Ergebnis in einem solchen Test bedeuten nicht, dass Dein

Leben damit erfolglos verläuft. Ganz im Gegenteil – Deinen EQ kannst Du schließlich Dein Leben lang steigern und Dich so immer weiter verbessern.

Die wichtigste Aussage an dieser Stelle ist folgende: **Deinen EQ kannst Du trainieren!**

Der EQ ist im Gegensatz zum IQ nämlich noch deutlich veränderbar. Eine hohe Emotionale Intelligenz ist also nicht angeboren. Der EQ entwickelt sich im Laufe des Lebens und kann trainiert werden. So nimmt der EQ mit fortgeschrittenem Alter zu und bleibt dann weitestgehend erhalten.

Einen hohen EQ kannst Du zum Beispiel daran erkennen, dass die Person

- sich gut selbst motivieren kann

- ein realistisches Selbstbild besitzt

- eigene Emotionen steuern kann

- sozial kompetent ist

- gut mit anderen Menschen mitfühlen kann

- in der Lage ist, sich in andere Menschen hineinzuversetzen

Der EQ wird manchmal auch als Herzensbildung beschrieben. Es handelt sich hier nicht um eine Form der Bildung, wie sie aus Fachbüchern gewonnen werden kann, da eine intensive Arbeit mit der eigenen Persönlichkeit sowie mit den Gefühlen von anderen erforderlich ist. Bei der emotionalen Intelligenz spielen, wie Du ja bereits weißt, vor allem Erfahrungen, die Lebensweisheit, die Vernunft und Gefühle eine wichtige Rolle. Diese Form der Bildung erwirbt man sich im Laufe des Lebens und so steigt der EQ im Normalfall logischerweise auch mit dem Alter an. Jugendliche in der Pubertät können schlicht noch nicht die gleiche Weisheit des Lebens erworben haben, wie es bei einer Person jenseits der 70 der Fall ist. Das bedeutet nicht, dass ältere Personen immer und überall einen höheren EQ haben als jüngere Menschen. Es geht schließlich auch noch darum, wie jeder einzelne mit der Weisheit umgeht und wie viel davon wirklich im Laufe des Lebens erworben und vor allem angenommen wurde.

Teste Deine Emotionale Intelligenz

Der Begriff der Emotionalen Intelligenz entstand übrigens ganz ursprünglich oder, besser gesagt zum ersten Mal, schon vor 100 Jahren. Der Psychologe Edward Thorndike erwähnte sie im Jahr 1920 erstmalig. Am Anfang wurde diesem Begriff aber noch nicht viel Bedeutung beigemessen. Bis heute erhält die Emotionale Intelligenz oft noch zu wenig Beachtung, vor allem im Hinblick auf Intelligenztests. So wie es IQ-Tests gibt, so gibt es zwar auch EQ-Tests, allerdings ist bisher noch keine Kombination der beiden vorhanden. Die Emotionale Intelligenz wird also noch immer zu wenig berücksichtigt und nicht so oft getestet. Bei einem entsprechenden, vielschichtigen Test der Emotionalen Intelligenz könnten viele Unternehmen sich die eine oder andere große Enttäuschung ersparen. Schließlich würden bei einem solchen Test so einige Defizite schon frühzeitig herauskommen, die oft erst in der Zusammenarbeit erkannt werden, wenn es schon fast zu spät ist.

Durch die Beantwortung der folgenden Fragen kannst Du herausfinden, wie hoch Dein EQ ist. Zumindest erhältst Du, genau wie bei den vorherigen Fragen zum IQ, eine Einschätzung oder eine ungefähre Richtung, was ebenfalls hilfreich ist. An dieser Stelle kannst Du dann mit den weiteren Übungen in diesem Buch ansetzen. Fest steht aber, dass wohl kein Mensch hier die perfekten, voll ausgereiften Fähigkeiten aufweisen kann und immer noch ein wenig Potenzial besteht.

Beantworte die **Fragen** jeweils mit Ja ODER Nein:

- Ich kann anderen Menschen gegenüber unvoreingenommen entgegentreten.

- Ich kann Kritik annehmen und andere Menschen nutzbringend kritisieren.

- Ich bin ein Teamplayer.

- Es fällt mir nicht schwer, die Gefühle anderer Menschen zu verstehen und mich in deren Situation hineinzuversetzen.

- Ich kann andere Menschen gut motivieren.

- In die Gefühle anderer Menschen kann ich mich gut hineinversetzen.

- Ich kann mich für einen Fehler entschuldigen.

- Es fällt mir nicht schwer meine Bedürfnisse und Anliegen zu kommunizieren.

- Andere schätzen an mir, dass ich gut zuhören kann.

- Wenn es anderen gut oder schlecht geht, merke ich das.

- Konflikte habe ich schon öfter geschlichtet.

- Ich kann verzeihen und bin nicht nachtragend.

- Auch in schwierigen Situationen bleibe ich ruhig.

- Andere Menschen mögen meine Gesellschaft.

- Ich verfüge über eine gute Menschenkenntnis.

Wenn Du die meisten Fragen mit „Ja" beantworten konntest, bedeutet dies, dass Du bereits über eine gute Emotionale Intelligenz verfügst und sich Menschen in Deinem Umfeld wohlfühlen. Das ist super! Deine Emotionale Intelligenz kannst Du aber auch noch erhöhen. In den folgenden Kapiteln erhältst Du konkrete Tipps und Übungen, wie Du Deine Emotionale Intelligenz erhöhen kannst. Denn eines steht fest: Es besteht immer eine Möglichkeit, sich noch zu steigern!

EQ und IQ in der **Zusammenfassung**:

- Der IQ ist ein angeborener Wert, der sich nur in der Pubertät ein wenig verändern kann, sonst aber kaum beeinflussbar ist.

- Der EQ ist durch Übungen und Lebenserfahrung beeinflussbar und steigt mit zunehmenden Lebensjahren an.

- Beide Werte können ermittelt werden und zeigen die Fähigkeiten und die Intelligenz einer Person an.

- Der IQ wurde lange als einzig wichtiger Wert angesehen – die Bedeutung von der Emotionalen Intelligenz und von einem hohen Wert bei dieser wurden aber erst nach und nach erkannt.

- Für ein erfolgreiches, glückliches und zufriedenes Leben ist ein hoher EQ von großer Bedeutung und nicht nur der IQ ist ausschlaggebend für diese Dinge.

Die Nachteile von Empathie

Gibt es bei der Emotionalen Intelligenz eigentlich nur Vorteile und überhaupt keine Kritikpunkte? Ein bisschen Kritik kommt ja immer und bei allen Begriffen auf – in diesem Fall bezieht sich diese eher auf die Empathie, die ja als Teil der Emotionalen Intelligenz gilt. Aus diesem Grund geht es in diesem Kapitel erst einmal um einige mögliche Nachteile, die mit der Empathie in Verbindung gebracht werden können.

Leider kann die Empathie, die ja mit der Emotionalen Intelligenz in Verbindung steht, auch Nachteile haben. Nämlich dann, wenn Du es mit dem Mitgefühl übertreibst. Für nahestehende Menschen da zu sein, Hilfsbereitschaft und Einfühlungsvermögen zu zeigen ist natürlich wichtig und auch grundsätzlich sehr positiv. Allerdings gibt es hierbei Grenzen. Denn wer sich häufig um andere Menschen kümmert, steht vermehrt unter Stress. Natürlich ist Empathie für das gemeinschaftliche, gesunde und harmonische Miteinander unabdingbar. Stelle Dir einmal eine Welt ganz ohne Empathie, ohne Mitgefühl und ohne die Fähigkeit vor, für andere Menschen da zu sein. In der niemand sich dafür interessiert, wenn Du Dich schlecht fühlst. Ganz genau – eine solche Welt wäre schon sehr trist und auch traurig, sodass es wirklich gut ist, mehr mitzufühlen und sich in der Empathie zu üben.

Doch Menschen, die andauernd nur die Bedürfnisse anderer Menschen befriedigen, vergessen sich dann leider schnell selbst und vernachlässigen die eigenen Bedürfnisse. Das kann sogar soweit führen, dass die eigenen Bedürfnisse vollkommen ausgeblendet und nicht mehr beachtet werden. Von einer regelrechten Selbstaufgabe zu sprechen, ist daher an dieser Stelle keine wirkliche Übertreibung. Wer nicht ausreichend auf sich selbst und eine angemessene Balance des eigenen Lebens achtet, läuft auch ernsthaft Gefahr, ein emotionales Burn-out zu erleiden. Auf der anderen Seite kann Empathie auch zu Manipulationszwecken eingesetzt werden. So nutzen manche Menschen diese, um ihre eigenen Bedürfnisse zu befriedigen. Die guten, mitfühlenden und empathischen Menschen werden in den ganzen Geschichten und Filmen schneller ausgenutzt – von Menschen, die skrupellos sind und nur noch die eigenen Bedürfnisse und Ziele durchsetzen wollen. Diese Geschichten gibt es ja nicht ganz ohne Grund, sodass diese schon bis zu einem gewissen Punkt beachtet werden sollten.

Wenn Du Dich zu stark in die Gefühle und Gedanken anderer Menschen hineinversetzt, dann beginnt Deine Lebensqualität darunter zu leiden. Werde Dir daher darüber bewusst, dass Du nicht für die Gefühle anderer Menschen verantwortlich bist, aber für Deine eigenen. Achte zuerst ausreichend auf Dich selbst, auf Deine Gefühle und Deine Bedürfnisse, bevor Du anderen Deine Hilfe anbietest. Empathische Menschen neigen allerdings häufig dazu, das zu tun, was andere Menschen möchten, anstatt auf ihre eigene Intuition zu vertrauen. Sie halten ihre Mitmenschen ebenso für mitfühlend und lassen sich zu schnell beeinflussen. So kann die Sensibilität für die Emotionen anderer auch zum Nachteil werden. Wer sehr sensibel in seiner Emotionalität ist, leidet laut Forschungen auch schneller unter Depressionen. Es gilt also, die vielleicht neue Fähigkeit der Empathie ein wenig mit Bedacht einzusetzen und nicht immer jedem Menschen gleich alles zu geben, was in Sachen Zeit, Mitgefühl und Liebe vorhanden ist.

Feinfühligkeit erzeugt Stress, vor allem dann, wenn Du die Emotionen Deiner Mitmenschen negativ auf Dich selbst beziehst. Bei Empathie denken die meisten Menschen schnell an Verständnis oder Nachsicht, was Menschen mit geringerer Empathie mitunter ausnutzen. Empathie ist jedoch auch in Verhandlungen und bei Teamarbeit wichtig. Empathie bedeutet aber nicht, dass Du immer nachgeben sollst und nicht durchsetzungsfähig bist. Es ist demnach also wichtig, zwischen Mitleid und Mitgefühl zu unterscheiden. Du kannst mit jemandem mitfühlen, ohne selbst darunter leiden zu müssen. Dafür ist es wichtig, dass Du Dich emotional zumindest bis zu einem gewissen Punkt abgrenzen kannst und die Gefühle anderer nicht für Dich selbst übernimmst.

Eine hohe Emotionale Intelligenz bedeutet daher, dass Du sowohl Emotionen erkennen als auch mit ihnen umgehen kannst. Die Empathie wird also nur dann zum Problem werden, wenn Dir die entsprechenden sozialen Kompetenzen fehlen, um mit Deinen eigenen Emotionen umzugehen. Ein Grund mehr dafür, dass auch empathische Menschen die Übungen in diesem Buch für sich nutzen sollten, und ein Grund dafür, dass es wichtig ist, die Gefühle abzugrenzen und nicht einfach wie ein Schwamm aufzusaugen. Genau das passiert nämlich sonst ganz schnell und führt dann schnell dazu, dass Du Dich schlecht fühlst, zu stark von negativen Emotionen mitgerissen wirst und Dich gar nicht davon abgrenzen kannst.

Emotionen haben eine besonders starke Kraft. Positive Gefühle lassen Dich vollkommen aufblühen, während negative Gefühle oft sehr quälend sein können. Die meisten Menschen versuchen dann, ihre Gefühle zu unterdrücken.

Gefühle zu unterdrücken funktioniert allerdings nicht besonders gut und kann sogar gefährlich werden. Gefühle entstehen nicht durch Ereignisse. Sie entstehen durch Deine Gedanken, was Du über ein Ereignis denkst, entscheidet also darüber, wie Du Dich fühlst. In der Kindheit hast Du wahrscheinlich gelernt, dass es besser ist, Emotionen zu unterdrücken, weil viele Gefühle nicht erwünscht waren. Doch Deine Gefühle wollen gefühlt werden.

Im folgenden Abschnitt findest Du eine Schritt-für-Schritt-Anleitung, die Dir dabei helfen soll, besser mit Deinen Emotionen umzugehen. So musst Du Dich Deinen Gefühlen gegenüber nicht mehr hilflos ausgeliefert fühlen.

Die Nachteile der Empathie in der **Zusammenfassung**:

- Es ist teilweise sehr schwer, die negativen Emotionen der anderen Menschen nicht zu sehr aufzunehmen.

- Eine Abgrenzung von Gefühlen kann schwierig sein.

- Die Feinfühligkeit kann auch zu Stress führen und dazu, sich selbst weniger wohlzufühlen.

- Die eigenen Bedürfnisse werden teilweise ver- nachlässigt, wenn die anderen Menschen und ihre Gefühle zu sehr in den Mittelpunkt des eigenen Interesses gestellt werden.

- Es besteht die Gefahr, dass sehr empathische Menschen von anderen ausgenutzt werden.

So kannst Du Deine Emotionen kontrollieren

Verantwortung zu übernehmen, genau das lernen wir auch heute noch bereits im Kindesalter. In der Regel helfen uns dabei unsere Bezugspersonen. Wenn andere uns allerdings die Schuld für ihre Gefühle geben, dann fühlen wir uns für deren Emotionen oft als Erwachsene noch verantwortlich. Das Gegenteil gilt immer dann, wenn wir für Ehrlichkeit bestraft wurden, dann suchen wir als Erwachsene oft die Schuld bei anderen Menschen. Wer allerdings die Verantwortung für die eigenen Gefühle aus der Hand gibt, der gibt auch die Kontrolle für sein Leben ab. Es ist ganz typisch für viele Menschen, die Verantwortung für die eigenen Gefühle ein Stück weit aus der Hand zu geben – mit ziemlich fatalen Konsequenzen. Der Vorteil an dieser Stelle ist, dass dieses häufig vorhandene Verhalten recht einfach erkannt werden kann und es dann entsprechend schnell möglich ist, etwas dagegen zu unternehmen. Vielleicht ist dieser Schritt nicht ganz einfach, jedoch in jedem Fall machbar und hilfreich für die Zukunft und für den Umgang mit und die Akzeptanz für die eigenen Gefühle.

Mit den folgenden **fünf Schritten** lernst Du, die Verantwortung für Deine Emotionen zu übernehmen:

1. Übernimm für Deine eigenen Gefühle die Verantwortung

Mache Dir bewusst, dass Deine Gefühle durch Deine Gedanken in Dir entstehen. Deine eigenen Gedanken, deine Interpretation der Situation sorgt dafür, dass Du Dich jetzt gerade so fühlst – nicht die andere Person. Eine andere Person kann zwar Gefühle in Dir auslösen, doch wie Du darauf reagierst und damit umgehst, das entscheidest Du und nur Du!

Nehmen wir ein kleines **Beispiel** zur Verdeutlichung der Situation:

Du gehst mit einem guten Freund oder einer Freundin in eine Bar und freust Dich auf den gemeinsamen Abend mit guten Gesprächen, dem einen oder anderen Getränk und auf eine rundum schöne Zeit. Nach etwa einer lustigen Stunde kommen andere Freunde von Deinem Freund oder Deiner Freundin in die Bar. Da sich die Gespräche ganz von Dir wegbewegen und Du bei Weitem nicht mehr die Aufmerksamkeit von vorher bekommst, fühlst Du Dich ignoriert und denkst vielleicht, dass Du in dem Moment abgeschrieben bist, in dem andere Freunde mit dazukommen. Doch die anderen Personen haben nur geredet und

Du wurdest auch nicht völlig ignoriert, sondern ab und zu durchaus in das Gespräch mit eingebunden. Auch wenn es sich vielleicht jetzt gerade anders anfühlt – genau diese negativen Gefühle sind an dieser Stelle gemeint, da Du selbst sie verursachst und eben niemand anderes! Diese Akzeptanz ist gar nicht so einfach, da es sonst sehr gerne die anderen Personen sind, die für ein solches Gefühl verantwortlich gemacht werden.

Du kannst Deine Gefühle also ganz bewusst lenken und steuern. Das fällt am Anfang natürlich etwas schwerer, ist jedoch alles andere als unmöglich und kann mit der entsprechenden Akzeptanz und dem richtigen Mindset sowie etwas Übung sehr gut umgesetzt werden. Betrachte Deine Emotionen dennoch als etwas Normales und verurteile Dich nicht für das, was Du fühlst. Es ist also nicht schlimm, dass Du Dich gerade so fühlst, wie Du Dich fühlst – das ist vollkommen in Ordnung. Jedes Gefühl ist berechtigt und es ist Deine Entscheidung, wie Du mit Deinen Emotionen umgehst.

2.Nimm wahr, was Deine Gefühle in Deinem Körper auslösen

Fühle deine Gefühle im Körper, in welcher Körperregion spürst Du das Gefühl? Spürst Du Druck in Deinem Kopf oder Deinem Herzen? Hast Du vielleicht Schmerzen oder fühlt sich Dein Magen flau an? Durch die Konzentration auf Dein Innerstes fokussierst Du Dich und vor allem auf Dich selbst. Damit lenkst Du Deine Aufmerksamkeit von außen nach innen. Wenn Dich Emotionen körperlich belasten, können Dir auch diverse Entspannungsmethoden helfen, Abstand zu gewinnen und Dich zu beruhigen.

Eine der besten Möglichkeiten an dieser Stelle wäre sicherlich die Meditation. Mehr über die Vorteile, die positiven Effekte und einige passende Übungen findest Du ebenfalls in diesem Buch. Emotionen haben tatsächlich eine sehr große Wirkung auf den Körper und diese sollte nicht einfach unterschätzt werden. Du fühlst Magenschmerzen, ein flaues Gefühl oder richtige Übelkeit? Herzklopfen, einen regelrechten Stich in das Herz, oder hast das Gefühl, dass Dir nach einem bestimmten Moment richtig die Luft wegbleibt? Diese körperlichen Reaktionen lassen sich mit sehr großer Wahrscheinlichkeit auf Deine Gefühle zurückführen und nicht auf ein wirklich vorhandenes körperliches Problem. Natürlich, wenn Du etwas Schlechtes oder zu viel gegessen hast, lassen sich die Reaktionen im Bereich des Magens durchaus auf Deinen Körper zurückführen. Oft ist das aber anders und die Gefühle sind richtig stark zu spüren – diese Tatsache wird nur ziemlich häufig ignoriert.

Die Macht der Emotionen zu erkennen, richtig mit diesen umzugehen und zu spüren, wo genau Du persönlich Deine Gefühle spürst, ist ein wichtiger Schritt auf dem Weg zur Kontrolle der Gefühle. Wenn Du die Wirkung nicht richtig erkennst und einschätzen kannst, wie willst Du dann weiter mit den Emotionen umgehen und diese richtig einschätzen lernen? Wichtig ist an dieser Stelle auch die Erkenntnis, dass jeder Mensch ohne Ausnahme anders auf Gefühle reagieren kann. Manche Menschen spüren nur die ganz starken Gefühle auch körperlich, andere hingegen reagieren deutlich sensibler an dieser Stelle. Wie ist es bei Dir? Was genau spürst Du, wenn es um das Thema geht und vor allem: Wo spürst Du Deine Gefühle besonders stark?

3. Werde Dir über Deine Gedanken bewusst

Welche Gedanken hattest Du, bevor die starken Gefühle auftraten? Beobachte Deine Gedanken und sei ehrlich zu Dir oder wohl eher mit Dir selbst. Tut Dir das, was Du denkst, gut? Mache Dir dennoch bewusst, dass Deine Gedanken völlig in Ordnung sind. Verurteile Dich also auch hierbei nicht, wenn negative Gedanken aufkommen. Wichtig ist, dass Du erkennst, dass Du Deine Gedanken verändern kannst. Nicht, um anderen Menschen zu gefallen, sondern damit es Dir besser geht. Es geht an dieser Stelle nicht darum, es den anderen recht zu machen oder weniger Drama in deren Leben zu verursachen, sondern wirklich um Dich und um Dein Wohlbefinden. Viel zu oft wollen Menschen ihre Gefühle kontrollieren oder richtig unterdrücken, weil sie andere Menschen nicht verlieren oder verärgern wollen. Dabei handelt es sich aber nicht um die richtige Vorgehensweise – handle besser für Dich selbst und finde heraus, worin Deine Gedanken vor den Gefühlen bestanden und finde alles so heraus, dass Du selbst davon profitierst.

Die Gedanken genauer zu hinterfragen, überhaupt erst einmal zu erkennen und dann im nächsten Schritt etwas für eine positive Veränderung zu unternehmen, ist ein wichtiger Schritt in die richtige Richtung. Gerade negative Gedanken können stark belasten und es ist gar nicht so einfach, diese erst einmal anzunehmen und nicht zu verurteilen. Dafür ist der Schritt der Akzeptanz so wichtig und dieser kommt direkt nach dem Schritt, in dem Du Dir über Deine Gedanken bewusstwirst.

4. Sei der Gewinner, nicht das Opfer

Vielleicht denkst Du hier im ersten Moment nicht an die Kontrolle Deiner Gefühle, wobei dieser Punkt ganz viel damit zu tun hat und in die Richtung geht, selbst die nötige Verantwortung zu übernehmen. Verabschiede Dich also von Deiner Opferrolle und übernimm wirkliche Verantwortung für Dein Leben. Ausreden oder Entschuldigungen dafür, dass Du nichts geschafft hast oder immer stagnierst und nicht vorankommst, helfen Dir nicht weiter und führen nicht dazu, dass sich etwas verändern wird. Zudem macht Dich die Opferrolle mental schwach und zur Angriffsfläche für dominante Persönlichkeiten. An dieser Stelle wären wir wieder bei der Gefahr des Ausnutzens durch andere Personen – etwas, was gerade empathischen Personen durchaus passieren kann.

Sei Du selbst und wertschätze das, was Du kannst! Wenn Du Dich als Opfer siehst, werden Dich andere ebenfalls nur als Opfer oder schwachen Charakter wahrnehmen.

Nimm daher selbst die Zügel Deines Lebens in die Hand und setze Dir klare Erfolgsziele. Durch das klare Setzen dieser Ziele und das anschließende Erreichen fällt es Dir sicherlich leichter, Dich mehr auf positive und nicht mehr auf negative Dinge und Gefühle zu konzentrieren. Viele Menschen neigen leider noch immer stark dazu, sich selbst als Opfer der Umstände zu sehen. Das kann richtig nervig wirken und führt vor allem dazu, dass die eigenen Ziele nicht erreicht werden können. Das kannst Du aber vermeiden, wenn Du dich mehr auf die positiven Gefühle und vor allem auf Deine positiven Eigenschaften konzentrierst. Diese hast Du auf jeden Fall – hilfreich ist es oft, sich die positiven Dinge aufzuschreiben und mehrmals täglich vor Augen zu führen.

5. Verändere Deine Gedanken

Wähle, welche Gedanken Du stattdessen haben möchtest. Wenn Dich eine Situation mit einer anderen Person traurig gemacht hat, dann versuche, die Ursache dafür zu erforschen. Vielleicht kann aus der Trauer heraus dann im nächsten Schritt echtes Verständnis entstehen. Versuche daher, Deine Gedanken und Gefühle aus einer anderen Perspektive zu betrachten. So kannst Du auch negative Gefühle und Gedanken in positive umwandeln. Das erfordert ein hohes Maß an Selbstreflexion und den Willen, sich mit eigenen Gefühlen auseinanderzusetzen und wirklich etwas verändern zu wollen.

Was Dir noch helfen kann, um mit starken Gefühlen umzugehen

Andere Personen für die eigenen Gefühle verantwortlich zu machen, ist nicht zielführend und sorgt weder dafür, dass Du Deine Gefühle kontrollierst, noch dafür, dass Du glücklich wirst. Wenn Du also wieder die Kontrolle über Dein Leben übernehmen möchtest, dann übernehme ernsthafte Verantwortung für Deine Gefühle und Gedanken. Die folgenden Dinge können Dir ebenso dabei helfen, zu lernen, mit Deinen Emotionen besser umzugehen:

- Meditation und Achtsamkeit

- Körperliche Entspannung

- Imagination (erinnere Dich an frühere Situationen, die Dir Kraft gaben)

- Mit einem Freund oder Vertrautem sprechen

- Schreibe Dir Deine Gefühle von der Seele (siehe das Gefühlstagebuch aus den praktischen Übungen)

Es gibt letztendlich eine Reihe von Möglichkeiten und Übungen, die Du in Deinen Alltag einbauen kannst und die Dich dabei unterstützen, besser mit starken Gefühlen umzugehen. Mit der Zeit fällt es dann sicherlich leichter, mit diesen Gefühlen umzugehen und diese nicht mehr so bedrückend oder negativ wahrzunehmen. Du möchtest lernen, mit den Gefühlen umzugehen, willst Deine Gefühle kontrollieren können und damit arbeiten können? Passend dazu findest Du in den folgenden Kapiteln eine Reihe von Übungen, die sich gut in den Alltag integrieren lassen und die diese angesprochenen Punkte noch genauer aufnehmen.

Gefühle kontrollieren in der **Zusammenfassung**:

- Menschen neigen oft dazu, die Verantwortung für eigene Gefühle nicht zu übernehmen.

- Wer die Kontrolle über seine Gefühle abgibt, schadet langfristig vor allem sich selbst.

- Gefühle sollten erkannt und akzeptiert werden, da sie zu jedem Menschen dazugehören.

- Gefühle sind im Körper spürbar und es ist wichtig, zu erkennen, wo genau.

- Gedanken zuerst zu erkennen und dann zu verändern oder anders zu programmieren, ist wie ein Schlüssel für mehr Zufriedenheit.

- Meditation und Achtsamkeit können dabei helfen, die Gefühle langfristig besser zu kontrollieren.

- Wer negative Gefühle und Gedanken kontrollieren kann, lässt sich von beidem nicht mehr so leicht beeinflussen.

Praktische Übungen für den Alltag

Es besteht in jedem Fall, wie schon zuvor erwähnt, die Möglichkeit, die eigene Emotionale Intelligenz zu steigern. Niemand muss auf dem aktuellen Stand bleiben und es ist ganz klar möglich, Veränderungen zu erzielen. Anders als beim IQ handelt es sich hier nicht um einen Wert, der von der Geburt oder der Sozialisierung geprägt und regelrecht starr oder kaum veränderlich ist. Natürlich ist es auch in Bezug auf den Intelligenzquotienten möglich, im nicht zu späten Alter mit Training und Übungen den einen oder anderen Punkt auf der Skala zu gewinnen. In Bezug auf die Emotionale Intelligenz, als auf den Wert beim EQ, ist es aber etwas einfacher, diese zu steigern. Es besteht also gar kein Grund, die Hoffnung zu verlieren – mit den folgenden Übungen kannst Du nach und nach Deinen EQ erheblich steigern. Wichtig ist nur, dass Du Dir selbst ein wenig Zeit gibst und nicht nach wenigen Tagen schon aufgibst.

Willst Du Deine Gefühle in den Griff bekommen, Deinen EQ steigern und lernen, richtig zu reflektieren? Dann helfen Dir die praktischen Beispiele auf den nächsten Seiten ganz sicher weiter. Um alles noch ein wenig näher an die

Realität zu bringen, werden alle Übungen auch an einem praktischen Beispiel erklärt. Begleite unsere beispielhafte Persönlichkeit Sebastian auf seinem Weg zu einem höheren EQ und verfolge, wie er sich seinen Gefühlen stellt und diese in den Griff bekommt. Wende die Übungen für Dich selbst im Alltag an und verbessere Dich immer mehr mit der Zeit, was Deine Gefühle betrifft.

Zunächst findest Du an dieser Stelle verschiedene Übungen, die Dir dabei helfen, Deine Selbstwahrnehmung zu verbessern. Die eigenen Gefühle zuerst zu erkennen, sich selbst und die Emotionen besser kennenzulernen und erst danach mit den Mitmenschen weitermachen – genau da kannst Du in Hinsicht auf die Gewinnung von mehr Emotionaler Intelligenz beginnen. Nach diesen Übungen findest Du weitere Ideen, wie Du Deine Fähigkeiten der Empathie entscheidend stärken kannst. Auf diese Weise ist es leichter, die EI zu verbessern, Gefühle anders wahrzunehmen und mit der Zeit wesentlich stärker zu werden.

Bist Du bereit für die Veränderungen, die diese Übungen in Dir auslösen können? Nach jeder Übung findest Du passend dazu die Übertragung der Übung auf unsere Beispielperson Sebastian. Es handelt sich weniger um einzelne Aufgaben, sondern vielmehr um vielschichtige Ideen, die zusammen genau die richtigen Möglichkeiten bieten, um die eigenen Fähigkeiten auf verschiedenen Ebenen zu steigern.

Selbsterkenntnis: Lerne Dich selbst kennen

Kennst Du Dich selbst? Weißt Du ganz genau, wer sich hinter Deiner Persönlichkeit verbirgt, worauf es ankommt, welche Stärken, Schwächen und tollen Eigenschaften Du hast? Die Selbsterkenntnis und das Kennenlernen der eigenen Persönlichkeit ist nichts, was innerhalb von wenigen Tagen oder Wochen möglich ist. Darüber hinaus findet im Laufe der Zeit auch eine Entwicklung statt, sodass es ein lebenslanger Prozess ist, sich selbst zu kennen. Es wäre ja auch ganz schön traurig, wenn wir uns selbst nicht kennen würden und entsprechend keine Entwicklung erfolgen würde – niemand möchte doch immer auf der gleichen Stelle treten. Doch nur wenn Du Dich selbst wirklich kennst, kannst Du selbstbewusst werden, handelst anders und beginnst, Deine Gefühle in verschiedenen Situationen zu kennen.

In dieser ersten Aufgabe geht es daher darum, dass Du Dich erst einmal selbst kennenlernst und Dich auf das Abenteuer einlässt, Deine eigene Persönlichkeit zu entdecken. Setze Dir Ziele, frage Dich, was Du tun willst und wie Du Dich gefühlt hast. Auf diese Weise beginnst Du nicht nur, Dich selbst besser kennenzulernen, sondern kannst auch eher nachvollziehen, was Dir wichtig ist und welche Aktivitäten und Erlebnisse für gute Gefühle sorgen. Genau das ist der richtige Schritt und der Beginn der Selbsterkenntnis, die Dir in Deinem Leben in ganz vielen Bereichen helfen wird. Wenn Du nicht weißt, was Du willst, wirst Du viel mehr von anderen abhängen, wirst seltener „Nein!" sagen und viel weniger für Dich selbst tun. Diesen Prozess kannst Du Dir wie eine Kette vorstellen, die aneinanderhängt. Finde heraus, was Dir und nur Dir wichtig ist und erforsche Deine Gefühle dabei. Auf diese Weise lernst Du, Dir Ziele zu setzen, und hörst auch damit auf, immer nur der Gesellschaft und allen Menschen in Deiner Umgebung alles rechtmachen zu wollen. Selbsterkenntnis ist daher immer der Schritt zu einem glücklicheren Leben. Außerdem ist diese Erkenntnis einer von vielen Schritten auf dem Weg zu mehr Emotionaler Intelligenz.

So kannst Du die Selbsterkenntnis trainieren

Frage Dich jeden Morgen nach dem Aufstehen als erstes, was Du heute tun willst. Frage Dich außerdem, was Du morgen tun willst. Hier geht es darum, die Ziele und die Motivation zu erkennen, die Dich antreibt und die Dinge herauszufinden, auf die es für Dich wirklich ankommt. Gerne kannst Du Deine Ziele für den heutigen und den morgigen Tag aufschreiben. In einem schönen Buch oder in einem Notizblock festgehalten, kannst Du dadurch über Tage und Wochen hinweg festhalten, worin Deine Ziele bestanden haben. Versuche, diese Ziele zu erkennen und entsprechend zu handeln. Das klappt natürlich nicht immer. Wenn Du beispielsweise in einem Büro arbeitest und merkst oder fühlst, dass Du weder heute noch morgen zur Arbeit willst, könnte das schwieriger umzusetzen sein. Schwieriger, unmöglich jedoch nicht!

Der zweite Teil dieser Übung besteht darin, am Abend vor dem Schlafen noch einmal zu überlegen und zu analysieren, wie Du Dich gefühlt hast. Wie ist Dein Gefühl, wenn Du auf den Tag zurückblickst? Konntest Du Deine Ziele erfüllen, bist Du Dir selbst und Deinen Werten treu geblieben? Gab es vielleicht Momente, in denen es schwer war oder in denen Du etwas getan hast, worauf Du nicht stolz warst? Horche in Dich hinein, erkenne Deine Gefühle, analysiere sie und schreibe diese am besten auf.

Diese Übung ist ganz einfach umzusetzen, erfordert lediglich Zeit und die Geduld, sich mit sich selbst zu beschäftigen. Einen Moment innezuhalten und zu erkennen, welche Werte, Vorstellungen einen selbst antreiben und was nicht mit der eigenen Person zu vereinbaren ist – genau dabei hilft diese Übung. Sie zeigt Dir schnell, worauf es für Dich ankommt und zwingt Dich dazu, sich mit Dir auseinanderzusetzen. Mit der Zeit wird es so immer leichter, für die eigenen Ziele und Vorstellungen einzutreten – mit dem Ziel, am Abend zufrieden mit dem jeweiligen Tag zu sein.

Das bringt Dir Selbsterkenntnis – eine kleine **Zusammenfassung**:

- Du lernst Dich besser kennen.

- Du erfährst mehr über Deine Ziele, Deine Wünsche und über alles, was Dich antreibt.

- Du wirst weniger von anderen Menschen abhängen.

- Du kannst Deine Zeit in Zukunft damit verbringen, all das zu machen, was Dich persönlich zufrieden macht.

Die Selbsterkenntnis am praktischen Beispiel

Sebastian ist mittlerweile 25 Jahre alt, hat einen Bachelor im Marketing gemacht und liebt es, zu reisen, zu schreiben und mit Kunden zusammenzuarbeiten. Irgendwie klappte es nach dem Bachelor aber nicht so recht mit der Arbeitssuche und so arbeitet er jetzt in der Marketingabteilung in der Firma seiner Eltern. Die aber zu seinem Leidwesen Gartengeräte produziert und europaweit verkauft. Weder entsprechen die Gartengeräte seinem Interesse noch die damit verbundenen Marketingkampagnen und Urlaub gibt es auch nur an 25 Tagen im Jahr. Sebastian möchte etwas verändern, weiß aber noch nicht genau was, und ist sich nicht völlig bewusst, was ihn als Menschen glücklich macht oder antreibt.

In diesem Zusammenhang beginnt er mit der Übung der Selbsterkenntnis, kauft sich ein gebundenes Notizbuch und beginnt morgens und abends darin zu schreiben. Morgens definiert er seine Ziele für diesen und für den nächsten Tag und überlegt sich, was er machen möchte und was ihm wichtig ist. Jeden Tag blickt er auf den Tag zurück, analysiert seine Gefühle und stellt fest, wann er zufrieden war und wann dies nicht der Fall war. An den ersten Tagen fühlte es sich noch etwas komisch an, die eigenen Gefühle in einem solchen Buch festzuhalten. Oder sich überhaupt so intensiv damit auseinanderzusetzen – schließlich ist das nicht unbedingt das normale Verhalten und kann schon einmal als eigenartig empfunden werden.

Nach einem Monat setzt Sebastian sich einmal an einem Samstag mit seinem Buch hin und liest dieses durch – und überlegt sich, wie er sich in diesem letzten Monat gefühlt hat. Ganz vorne mit dabei stand der Frust über die Arbeit, die einfach nicht interessant genug ist und das Gefühl der Einengung im Büro. Nebenbei hat Sebastian mit einem Freund aber begonnen, die Erlebnisse über die letzte Reise nach Asien aufzuschreiben und damit viele tolle Stunden verbracht. Langeweile, Frustration und das Gefühl, auf der Stelle zu treten und Dinge im Alltag zu tun, die irgendwie nicht passen, herrschten in diesem Monat aber von den Gefühlen her vor. Noch ist er nicht soweit, wirklich einen Schritt in eine Veränderung zu wagen, aber erkannt hat er, dass es so nicht weitergeht und die Gefühle dabei nicht stimmen. Erst einmal will Sebastian aber mit seiner Routine am Morgen und Abend weitermachen und sich noch mit anderen Übungen beschäftigen, die vielleicht in eine zufriedene Zukunft hinführen könnten.

Das große Gefühlstagebuch

Diese Übung funktioniert ähnlich wie die vorherige Übung zur Selbsterkenntnis und hilft dabei, die eigenen Gefühle besser erkennen und bewerten zu können. Könntest Du jetzt sofort sagen, welches Gefühl heute, gestern oder vorgestern in Deinem Tag vorherrschend war? Am besten wäre, wenn Du nicht nur das Gefühl an sich benennen könntest, sondern auch noch die Auswirkungen auf Deine Stimmung, auf mögliche Ergebnisse an dem jeweiligen Tag. Dafür ist dann aber schon etwas Übung wichtig, da sich nur wenige Menschen grundsätzlich so viele Gedanken rund um die eigenen Gefühle machen.

Hast Du manchmal Angst vor Deinen Gefühlen, möchtest Du Dir diese nicht so sehr eingestehen oder eher unterdrücken? Obwohl Gefühle tatsächlich etwas Menschliches und wirklich ganz natürlich sind, haben viele Menschen Angst vor ihnen. Das gilt sowohl für die Gefühle von anderen als auch für die eigenen. Genau an dieser Stelle soll diese Übung daher ansetzen und eine Veränderung bewirken. Wenn Du Dich öfter zwischendurch fragst, wie Du Dich jetzt gerade in diesem Moment, in dieser Situation fühlst, dann lernst Du, besser mit Deinen eigenen Gefühlen umzugehen. Genau das ist der Schlüssel dazu, mit den

Gefühlen von anderen im Anschluss ebenfalls besser umzugehen.

Gefühle gehören schließlich zum Leben dazu und es ist völlig normal, immer wieder unterschiedliche Dinge über den Tag verteilt zu fühlen. Wichtig ist, sich nicht vor diesen Gefühlen zu verschließen, sondern sie vielmehr zuzulassen. Sich den eigenen Gefühlen zu stellen und sich mit ihnen zu befassen ist ganz klar ein wichtiger Punkt, wenn es um die emotionale Intelligenz geht. Bist Du bereit für Deine Gefühle und willst Du Dich diesen stellen? Dann solltest Du es einmal mit dieser Übung versuchen. Was heißt hier einmal, besser wäre es, wenn Du Dich möglichst intensiv damit beschäftigst und jeden Tag in Dein neues Tagebuch schreibst. Egal wie eigenartig das in den ersten Tagen vielleicht sein mag.

So funktioniert das Gefühlstagebuch

Am besten kannst Du diese Übung mit einem Tagebuch durchführen, welches dann Dein Gefühlstagebuch darstellt. Stelle Dir tagsüber immer wieder Fragen, die sich auf Deinen Gefühlszustand beziehen. Notiere Deine Antworten und Deine Gefühle in dem Tagebuch.

Mögliche Fragen für diese **Übung** wären:

- Wie fühle ich mich jetzt gerade, in genau diesem

Moment?

- An welcher Stelle in meinem Körper fühle ich dieses Gefühl?

- Wie gehe ich gerade mit dem Gefühl um?

- Was für eine Reaktion löst das Gefühl in mir aus?

- Wie wirkt sich das Gefühl auf meine Stimmung aus?

Der wichtigste Hinweis bei dieser Übung ist sicherlich die Überlegung, dass Gefühle zugelassen und erkannt werden, ohne diese jedoch zu werten. Vergleichbar wäre hier vielleicht das Vorgehen im Rahmen einer Meditation, bei der ja die Gedanken, ohne sie zu bewerten, betrachtet und zugelassen werden. Das ist in Bezug auf die Gefühle auch möglich und kann sehr gut geübt werden. Du wirst sehen, dass Du mit jedem Tag besser wirst und es immer leichter wird, die Gefühle zu erkennen und zuzulassen. Damit ist eine sehr gute Basis für das spätere Verständnis der anderen Menschen und ihrer Emotionen möglich.

Das bringt Dir ein Gefühlstagebuch:

- Du erfährst, welche Gefühle Dich bewegen.

- Du lernst, die Gefühle anzunehmen und keine Bewertung vorzunehmen.

- Du lernst vor allem Dich und Deine Gefühle besser kennen.

- Du schulst Deine Fähigkeiten in Bezug auf das Selbstmanagement und nicht zuletzt auch Deine Selbstwahrnehmung.

Das Gefühlstagebuch unserer Beispielperson

Die eigenen Gefühle werden ganz gerne einmal von Sebastian unterdrückt oder schlicht und einfach nicht so ernst genommen. Gefühle sind doch schließlich Frauensache, oder etwa nicht? Sich näher mit den eigenen Gefühlen in bestimmten Situationen zu beschäftigen ist etwas, was Sebastian so schlicht noch nie für nötig gehalten hätte. Aber warum nicht, denkt er sich und beginnt, ein kleines Büchlein in coolem Design mit sich herumzutragen und als Gefühlstagebuch einzusetzen.

In den ersten Tagen war es mehr als nur komisch, sich mitten am Tag in der Bahn oder abends vor dem Treffen mit den Freunden zu fragen, wie gerade die Gefühlslage aussieht. Teilweise war die eigene Antwort auch ein wenig überraschend, zumindest im ersten Moment. Noch schwieriger ist es für Sebastian in den ersten Tagen gewesen, die eigenen Gefühle eben nicht zu bewerten, sondern nur zu bemerken und zuzulassen. Das Verdrängen von diesen oder eine regelrechte Ignoranz waren sonst schließlich ganz normal und gehörten dazu.

Nach einer Woche hat Sebastian eine Zwischenbilanz gezogen und sich sein Tagebuch einmal angesehen. In diesem befinden sich jetzt schon eine ganze Menge Einträge und die notierten Gefühle reichen von Wut über Traurigkeit bis hin zu einem Gefühl von Einsamkeit oder Frustration. Ganz schön viele Gefühle – zu erkennen, was denn überhaupt in ihm vorgeht und sich näher damit zu beschäftigen ist aber ein sehr interessantes Experiment. Auf diese Weise ist ein guter Grundstein für alle weiteren Übungen geschaffen worden.

Positive Gedanken zulassen

„Das klappt doch nie" oder „Heute geht wieder alles schief" – beide Gedanken haben eines gemeinsam und gehören zu den zahlreichen negativen Momenten an einem Tag. Zumindest ist das bei vielen Menschen heutzutage der Fall. Positive Gedanken sind eher untergeordnet, die negativen herrschen vor und können so manchen Tag vermiesen. Es ist aber alles andere als einfach, sich gegen die ewigen negativen Gedanken zu wehren. Problematisch ist an diesen Gedanken, dass diese die gesamte Denkweise umprogrammieren können – hin zum Negativen.

In einem solchen Moment werden dann die positiven Momente gar nicht mehr so sehr wahrgenommen und Menschen mit stetig negativen Gedanken sorgen durch die selektive Wahrnehmung sogar dafür, dass nur noch bestimmte Dinge wahrgenommen werden.

Was genau können positivere Gedanken eigentlich bewirken? Hier findest Du die Vorteile in der Zusammenfassung, da viele Menschen sich gar nicht bewusst sind, welche zerstörerische Kraft die ewig negativen und kritischen Gedanken haben.

Die Wirkung von positiven Gedanken:

- Der Fokus geht weg von den negativen Gedanken

- Mehr Zufriedenheit

- Glücklicher sein

- Eine bessere Ausstrahlung

- Weniger Gefahr, an Depressionen zu erkranken

- Optimistischere Lebensweise – wirkt sympathisch und bringt Erfolge in das Leben, da nicht immer nur die negative Seite gesehen wird

Einige Übungen, um positive Gedanken zu trainieren und das Gehirn langfristig umzuprogrammieren, findest Du an dieser Stelle. Gerade weil positive Gedanken so viel bewirken und verändern können, ist dieser Punkt so wichtig. Deshalb findest Du hier auch mehrere Übungen, die Deine Gedanken für immer umprogrammieren können. Mit diesen Übungen gewinnst Du übrigens auch mehr Selbstvertrauen, mehr Zufriedenheit und eine bessere, positive Ausstrahlung. Los geht's!

1. Lächeln

So einfach, wie es klingen mag, aber regelmäßiges Lächeln hat tatsächlich einen positiven Effekt auf Dein Gemüt. Neurophysiologisch betrachtet werden durch das Lachen oder Grinsen Nerven in den Gesichtsmuskeln angeregt, die Glückshormone im Gehirn freisetzen. Dadurch fühlst Du Dich nicht nur besser, sondern wirst zusätzlich entspannter und gelassener. Daher ist es nahezu unabdingbar, regelmäßig zu lächeln und nicht immer ein langes Gesicht zu ziehen!

Es hilft sogar, wenn Du einfach lächelst, ohne dabei einen Grund haben zu müssen. Sobald Du Dich also einmal schlecht, enttäuscht oder demotiviert fühlst, dann grinse einfach für 2 Minuten vor Dich hin. Du wirst schnell merken, dass Du Dich dadurch um einiges besser fühlen wirst.

2. Akzeptanz und emotionale Bewertung

Wenn Du einen Schicksalsschlag erlitten hast, wie z. B. eine plötzliche Trennung oder die fristlose Kündigung eines Jobs, ist das grundsätzlich keine angenehme Situation. Du hast dabei die Möglichkeit, Dich über die negative Situation aufzuregen, wütend oder enttäuscht zu sein oder aber Du nimmst die Situation erst einmal so an, wie sie ist, und versuchst nun rational die positiven Seiten des Schicksals zu identifizieren.

Schließlich musst Du Dir bewusst sein, dass Du an der Situation als solche kaum bis gar nichts ändern kannst. Es wäre doch dann eine reine Verschwendung Deiner Energie, sich darüber aufzuregen oder Trauer zuzulassen, oder? Diese Sichtweise fällt vielen Menschen nicht gerade leicht und so ist es wichtig, anders mit negativen Gedanken umzugehen. Wenn Du lernst, die Situation für Dich anzunehmen, die positiven Seiten dabei zu sehen und nach vorne blickst, erreichst Du damit langfristig ohne Frage mehr, als nur ewiges Ärgern über die Situation.

Optimistische Gedanken bei einem Jobverlust oder einer Trennung wären, dass Du Dich künftig mehr um Dich kümmern und Dir neue eigene Ziele setzen kannst. Zusätzlich hast Du mehr Zeit für Deine Leidenschaften und hast die Möglichkeit, sie in vollen Zügen auszukosten. Außerdem bleibt Dir die Chance, Neues kennenzulernen und auszuprobieren, um Dich voranzutreiben.

3. Führe ein Tagebuch

In dem Tagebuch kannst Du alle positiven Ereignisse des Tages Revue passieren lassen. Damit legst Du den Fokus auf das Positive in Deinem Leben und das wird Dir automatisch ein Lächeln auf die Lippen zaubern.

Wenn du ein Tagebuch führst, dann schreibe jeden Abend vor dem Schlafen gehen immer 5 Dinge auf, die positiv an diesem Tag waren. Schließe Deinen Text am besten mit einer Erkenntnis über den Tag, dankenden Worten und mit einem ruhigen Gewissen ab. Um den Effekt zu verstärken, solltest du eine Routine entwickeln. Führe jeden Tag zu einer bestimmten Uhrzeit diese Übung aus – zum Beispiel immer einige Minuten vor dem Schlafen. Fühle die positiven Gefühle beim Schreiben und lasse sie noch einmal Revue passieren.

Der **Effekt** dieser Übungen ist **auf mehreren Ebenen** festzustellen:

- Du programmierst Deine Gedanken auf die positive Sichtweise um.

- Du schließt den Tag positiv und ohne ständig kreisende Gedanken ab.

- Du übst Dich in Dankbarkeit und veränderst dadurch auch Deine Ausstrahlung.

- Du lernst, die positive Seite der Erlebnisse und nicht immer nur die negative Seite zu sehen.

- Du lernst, bestimmte Situationen zu akzeptieren, und vergeudest keine Energie mehr damit, Dich immer weiter zu ärgern.

Es handelt sich bei der Art der Denkweise um einen wirklich sehr wichtigen Punkt, der für die Emotionale Intelligenz genau wie für jede Form der Zufriedenheit und des Glücks ganz wichtig ist. Aus diesem Grund findest Du unter diesem Punkt nicht nur eine, sondern direkt drei interessante Übungen. Wie sieht die Umsetzung in der Praxis aus? Genau das zeigt Dir jetzt Sebastian mit seinen Versuchen, seine Gedanken positiv zu gestalten:

Im ersten Moment ist Sebastian beim Lesen dieser Übungen positiv überrascht, da er sich dabei ausnahmsweise einmal nicht lächerlich fühlt und nicht das Gefühl hat, komische Aufgaben auf dem Weg zum Ziel erfüllen zu müssen. Das ist doch schon einmal ein guter Ausgangspunkt!

Nach dem Gefühlstagebuch gibt es in seinem Leben daher jetzt noch ein Heft, in dem er sich jeden Abend positive Dinge notiert. Darüber hinaus bemüht Sebastian sich um die emotionale Akzeptanz von Dingen, die er nicht verändern kann und die einfach zum Leben dazugehören. Interessant ist hier vor allem die Übung mit dem Tagebuch, da die Akzeptanz der Situation ihm zwar sehr hilft, jedoch noch keine vollständige Veränderung mit sich bringt. Sich jeden Abend die positiven Dinge des Tages aufzuschreiben ist aber etwas, was sogar an sehr stressigen und nervigen Tagen funktioniert und für ihn persönlich wirklich zu einer Veränderung führt.

Nach zwei Wochen mit seinem „positiven" Tagebuch fallen ihm drei Dinge auf:

1. Der Fokus liegt wieder mehr auf dem Positiven und das Negative drängt sich weniger in den Vordergrund.

2. Die stressigen Tage wirken direkt weniger negativ, da auch diese immer positive Momente beinhalten – die er nur in seiner Wahrnehmung vorher ganz ausgeblendet hatte.

3. Die allgemeine Zufriedenheit mit dem Leben ist größer und es fällt viel leichter, zufrieden durch den Tag zu gehen und sich an vielen Dingen zu erfreuen.

Und was ist mit dem Lächeln? Ach, das muss er gar nicht mehr üben – obwohl im Leben vielleicht nicht immer alles zur eigenen Zufriedenheit läuft, lacht und lächelt Sebastian sehr viel und weiß schon lange, dass genau das guttut. Die typische genervte oder betrübte Miene, die in Deutschland ja doch manchmal in den Straßen zu sehen ist, ist daher so gar nicht sein Ding. Lächeln muss er also nicht üben, wobei der Hinweis darauf seiner Meinung nach wirklich nicht schlecht ist, da auf diesem Punkt noch mehr die Aufmerksamkeit liegen könnte.

30 Minuten am Tag

Gefühle zurückzuhalten und sich ihnen nicht zu stellen, ist wenig empfehlenswert. Das hast Du bereits durch die letzten Übungen gelernt – trotzdem kann es nicht schaden, diesen Punkt noch ein wenig weiter zu vertiefen. Wenn Du wirklich verinnerlichst, dass Du Dich nur an einem bestimmten Zeitraum am Tag Deinen Gefühlen hingibst und diese richtig zulässt, kannst Du den Rest des Tages ruhiger bleiben.

Wer die Gefühle immer nur zurückhält und ihnen keinen Raum im Leben gibt, wird seine Emotionale Intelligenz nicht wirklich steigern. Darüber hinaus können ständig präsente, negative Gefühle jeden Menschen davon abhalten, im Beruf oder im sozialen Leben etwas zu erreichen. Negative, belastende Emotionen wollen genau wie positive erkannt werden – wer lernt, diese besser zu beachten und achtsam mit ihnen umzugehen, kann erfolgreicher im Leben vorankommen. Diese Übung kannst Du daher als eine Art Achtsamkeitsübung ansehen und Dich den Rest des Tages mit anderen wichtigeren Dingen in Deinem Leben beschäftigen.

So geht die Übung

Nimm Dir 30 Minuten am Tag – jeden Tag. Diese 30 Minuten sind dafür da, Dich mit Deinen Gefühlen auseinanderzusetzen. Dazu gehören natürlich auch oder gerade negative, kritische oder zweifelnde Gedanken. Der Sinn von dieser Übung ist am Ende ganz einfach: Die Gedanken kreisen nicht mehr immer in Deinem Kopf herum und es gibt diesen ganz festen Zeitpunkt, an dem Du Dich mit diesen beschäftigst.

Setze Dich an einen ruhigen Ort, wo Dich möglichst niemand stören wird, und stelle dann einen Wecker auf 30 Minuten. In diesen 30 Minuten lässt Du alle Gefühle aufkommen, die Du den restlichen Tag aus Deinem Kopf verbannt hast. Es geht nicht darum, dass Du Dich schlecht fühlst oder in Deinen negativen Gefühlen suhlst. Vielmehr ist der Punkt dieser Übung der feste Zeitraum, der für alle Gefühle vorgesehen ist.

Nach dem Ablauf der 30 Minuten kehrst Du in Deinen Alltag zurück und wirst im besten Fall nicht mehr von Gefühlen und Gedanken heimgesucht, die ohne Pause in Deinem Kopf herumkreisen. Klappt es bei Dir? Fühlst Du Dich befreiter und ruhiger, wenn Du Dich immer nur zu bestimmten Zeiten mit Deinen Gefühlen genauer beschäftigst? Mit dieser Übung ist es auch möglich, weniger zu grübeln oder diese Eigenschaft des Grübelns mit der Zeit ganz zu lassen. Da die ewigen Grübeleien oder ein Herumreiten auf negativen Gefühlen sogar schädlich für die Gesundheit sein können, lohnt es sich, damit aufzuhören.

30 Minuten, die Dir viel bringen:

- Du grübelst den Rest des Tages wesentlich weniger.

- Das Kreisen der Gedanken endet.

- Du nimmst Dir nur 30 Minuten täglich Zeit für negative Gefühle – und kannst den Rest des Tages positiver und ruhiger verbringen.

- Diese 30 Minuten wirken nach einiger Übung wie eine Befreiung und geben Dir Raum für wichtige Dinge im Leben.

30 Minuten „Gefühlsduselei" am praktischen Beispiel

Natürlich kommen auch bei Sebastian öfter mal negative Gefühle hoch, schließlich ist er weder dauerhaft glücklich noch ein Superheld. Die negativen und oft belastenden Gefühle, wie beispielsweise die immer wiederkehrende Frage, ob die Arbeit in der Firma seiner Eltern die richtige ist und ob er nicht mehr aus seinem Leben machen könnte, setzen ihm manchmal sehr zu. Trotz aller Versuche gelingt es ihm nicht immer, genau diese Emotionen zu unterdrücken und nicht mehr die ganze Zeit darüber nachzugrübeln.

Für ihn geht es daher bei dieser Aufgabe nicht allein darum, die eigene Emotionale Intelligenz zu verbessern. Vielmehr geht es auch um den Punkt, weniger grübeln zu wollen und sich besser auf die wichtigen Dinge im Leben zu konzentrieren. Dabei handelt es sich dann weniger um das ständige Kreisen rund um die Gefühle, die ohnehin nur belasten, sondern mehr um praktische Aspekte und Momente im Leben.

Lerne Deine Gefühle besser kennen

In wissenschaftlichen Forschungen hat sich gezeigt, dass Gefühle, mit denen wir nicht umgehen können, sich negativ auf unsere körperliche und seelische Gesundheit auswirken. Unverarbeitete Zorngefühle oder wütende Gefühle, die nicht weiter beachtet oder in irgendeiner Form verarbeitet werden, können mitunter sogar zu einem Herzinfarkt führen. Menschen, die hingegen gut mit ihren Gefühlen umgehen können, bleiben in der Regel auch länger gesund. Sie leben länger, als Menschen, die ihre Gefühle nicht verarbeiten, und führen positive Beziehungen.

Für die Emotionale Intelligenz ist es von enormer Bedeutung, die eigenen Gefühle zu kennen und zu benennen. Allerdings haben es die meisten Menschen verlernt, ihre Gefühle wahrzunehmen und beschreiben zu können. Wie soll man also den Gefühlen Ausdruck verleihen, wenn man noch nicht einmal weiß, was man fühlt? Wir müssen also wieder herausfinden, was wir fühlen, dann können wir auch angemessen auf Konflikte, (körperliche) Symptome und Konfrontation reagieren.

Aufgrund der großen Bedeutung von diesem Punkt geht es in mehreren Übungen in diesem Buch darum, dass Du Deine Gefühle besser kennenlernst und diese richtig zu verstehen lernst. An dieser Stelle findest Du erst einmal 4 verschiedene kleinere Übungen, die Dir dabei helfen, Deine eigenen Gefühle nicht nur besser kennenzulernen, sondern diese auch besser auszudrücken.

Die folgenden Übungen können Dir helfen, Deine Gefühle besser zu verstehen und diese besser wahrzunehmen.

Übung: Beschreibe Dein Gefühl

Denke an eine Situation, die in Dir starke Gefühle ausgelöst hat.

1. Beschreibe Deine Gedanken zu der Situation, zum Beispiel „Das funktioniert doch nie."

2. Beschreibe Deine Empfindungen, zum Beispiel: „Ich spüre ein Gewicht auf meinen Schultern."

3. Wie ist Deine Mimik? Zum Beispiel: „Ich bemerke, dass sich meine Schultern und mein Nacken verspannen."

4. Beschreibe, wie Du am liebsten handeln würdest: „Ich würde die Aufgabe lieber abgeben."

5. Beschreibe Dein Gefühl: „Ich spüre, dass ich große Angst vor der Situation habe."

Im Übrigen gibt es noch einen einfachen Trick, wie Du die Verbindung zu Deinen Gefühlen verstärken kannst. Es ist die volle und tiefe Atmung. Dies bedeutet, in den Bauch einzuatmen und ihn mit Sauerstoff zu füllen. Atme anschließend noch in Deinen Brustkorb, und zwar so lange, wie es Dir guttut. Achte nun bewusst darauf, welches Gefühl Du in Deinem Körper wahrnimmst. Die nun folgende Atemübung hilft Dir, Deinen Körper besser mit Energie zu versorgen und Dich dadurch besser zu fühlen.

Atemübung bei Angst und Panik

Bei einer flachen Atmung gelangt nur wenig Sauerstoff in Deinen Körper. Das ist zum Beispiel der Fall, wenn Du sehr aufgeregt, im Stress oder in Panik bist. Dein Körper nimmt zwar viel Sauerstoff auf, kann diesen aber nicht verwerten, weil Du zu schnell wieder ausatmest. In einem solchen Moment hilft das bewusste Atmen. Atme tief und langsam durch die Nase ein, bis sich der Bauch mit Luft füllt und atme dann langsam wieder durch den Mund aus. Entspannungsmethoden, wie die progressive Muskelentspannung oder eine Mediation, können ebenso bei Angst und Panik helfen. Vorausgesetzt, Du kannst Dich im Moment der Panik darauf einlassen. Sollte dies nicht funktionieren, hilft es auch, kaltes Wasser zu trinken. Dadurch wird der Körper abgelenkt und die Atmung kann sich ganz automatisch verlangsamen.

Übung: Gefühle in Bildern ausdrücken

Einige Menschen können besser in Bildern als in Worten denken. Es fällt ihnen schwer, Gefühle in Worten auszudrücken, doch es gibt noch viele weitere Möglichkeiten. So kann es zum Beispiel helfen, wenn Du Dein Gefühl in Bildern beschreibst. Rufe Dir dafür wieder eine Situation in Erinnerung, in welcher Du ein bestimmtes Gefühl erlebt hast.

- Wäre das Gefühl eine Farbe – welche wäre das?

- Wäre das Gefühl ein Tier, dann wäre es welches?

- Welche Form oder Beschaffenheit hat das Gefühl?

- Wenn das Gefühl eine Person wäre, welche wäre es?

Nimm Dir hierfür auch gerne ein Blatt Papier und Stifte oder Pinsel und drücke Dein Gefühl in Farben aus.

Übung: Verfasse einen Dankesbrief

Diese Übung verhilft Dir zu mehr Dankbarkeit und positiven Gefühlen. Denke einmal an eine Person, die Dir besonders nahesteht und die einen positiven Einfluss auf Dich hatte. Vielleicht war es ein Lehrer, ein Arbeitskollege, ein Freund oder Dein Partner. Überlege Dir, wie wichtig Dir diese Beziehung war oder ist.

Welche schönen Momente und Erinnerungen verknüpfst Du mit dieser Beziehung? Dann nimm Dir jetzt einen Stift und Briefpapier und schreibe, was Du der Person gerne sagen möchtest. Wofür dankst Du ihr? Du kannst den Brief auch gedanklich verfassen, doch in Schriftform ist die Wirkung umso höher. Wenn Du Dich für die schriftliche Form entschieden hast, kannst Du, nachdem Du den Brief geschrieben hast, noch immer entscheiden, ob Du ihn abschicken oder nur für Dich aufbewahren möchtest.

Das bringt es, Gefühle kennenzulernen:

- Es sind weniger negative, aufgestaute Gefühle vorhanden, die sogar negative Konsequenzen für die Gesundheit haben können.

- Du verstehst besser, warum Du Dich eben so fühlst, wie das der Fall ist – ein wichtiger Schritt, um mit diesen Gefühlen richtig umzugehen.

- Das Bewusstsein für die eigenen Gefühle wird stark verbessert.

- Du schaffst hiermit eine wichtige Grundlage, um später die anderen Menschen besser verstehen und einschätzen zu können.

Wie unsere Beispielperson vorgeht, um die Gefühle näher kennenzulernen

Den eigenen Gefühlen mehr auf den Grund zu gehen und sich in der Selbstwahrnehmung zu verbessern, ist eines von Sebastians Zielen, die nicht zu unterschätzen sind. Nach einem Blick auf die vorherigen Übungen entscheidet er sich dafür, die eigenen Gefühle erst einmal in Form von Bildern auszudrücken. In Worten gelingt ihm das der eigenen Erfahrung nach nicht so gut und genau aus diesem Grund macht es Sinn, einmal anders an diesen Punkt heranzugehen.

Gestern hatte er sich auf der Arbeit wieder einmal sehr unzufrieden, regelrecht voller Wut gefühlt. Damit beginnt er jetzt, nimmt sich einen Zettel und einen Stift zur Hand und versucht, dieses Gefühl in Bildern auszudrücken. Als Farbe nimmt er ein sehr tiefes, dunkles Blau wahr, wenn er versucht, das Gefühl zu beschreiben und bei einer Person hat er sofort eine Nachbarin vor Augen, die er immer als extrem nervig und unangenehm empfunden hat. Erst kommt es ihm auch wieder komisch vor, die eigenen Gefühle so bildlich auszudrücken und zu beschreiben. Doch mit der Zeit fällt es ein wenig leichter und er hat zumindest das Gefühl, dass es hilft, sich näher mit den eigenen Emotionen zu beschäftigen. Auch wenn es am Anfang vielleicht schwerfällt – und wenn damit noch keine Strategie vorhanden ist, die bei der weiteren Bewältigung der Gefühle und beim Umgang damit hilfreich ist.

Welche Übung sagt Dir am meisten zu? Nimmst Du auch die Option, die Gefühle erst einmal in Bildern auszudrücken oder vielleicht doch die Option, einen Dankesbrief zu schreiben oder das Gefühl richtig in Worten zu beschreiben? Es gibt hier ganz klar kein richtig oder falsch, da wir Menschen alle unterschiedlich sind und jeder auf seine Art Erfolg haben wird. So kann einfach nicht jeder ein Gefühl mit Worten beschreiben und andere kommen nicht damit zurecht, die Gefühle nur in Bildern beschreiben zu dürfen. Es ist daher zunächst einmal wichtig, den richtigen Weg für sich selbst zu finden.

Bedürfnisse wahrnehmen und ausdrücken

Der Mensch neigt gerade in der heutigen Zeit und in der Gesellschaft dazu, Gefühle als negativ zu betrachten, doch unsere Gefühle haben einen großen Nutzen für uns. Unsere Gefühle sind meist mit Bedürfnissen verbunden, das Gefühl weist also in der Regel auf ein befriedigtes oder unbefriedigtes Bedürfnis hin. Bedürfnisse zu erkennen, richtig auszudrücken und sie dann zu erfüllen ist etwas, was vielen Menschen sehr schwerfällt. Genau wie es mit den Gefühlen in der Regel der Fall ist. Vielleicht denkst Du jetzt, dass wir doch schon als Babys und Kleinkinder lernen, unsere Bedürfnisse auszudrücken und dann entsprechend lautstark dafür sorgen, dass diese auch erfüllt werden. Dabei ist es aber wirklich interessant, dass wir genau zu dem Ausdruck der eigenen Bedürfnisse als Erwachsene nicht mehr so wirklich in der Lage sind.

Natürlich können manche Gefühle sich auch negativ auf unsere Situationen auswirken. Dennoch benötigen wir unsere Gefühle, als Hinweisgeber für das, was wir wirklich in genau diesem Moment benötigen.
Gefühle helfen Dir also dabei, Deine Bedürfnisse zu er-

kennen und zu erfüllen. Werden Deine Bedürfnisse befriedigt, so stellen sich angenehme Gefühle ein. Kommen bestimmte Bedürfnisse jedoch zu kurz, so bemerkst Du dies meist daran, dass negative Gefühle in Dir aufkommen.

Zunächst solltest Du Dir einmal die **emotionalen und sozialen Grundbedürfnisse** genauer ansehen:

- Sicherheit

- Zugehörigkeit, Kontakt

- Anerkennung und Wertschätzung

- Sinn und Stimmigkeit

- Autonomie

- Stimulierung

Neben den sechs genannten Kategorien der Grundbedürfnisse gibt es noch eine Vielzahl weiterer Bedürfnisse, diese leiten sich aus der Arbeit des Psychologen Maslow ab. Vor den genannten Bedürfnissen stehen im Übrigen noch die physiologischen Grund- und Existenzbedürfnisse, wie zum Beispiel Nahrung, Wasser, Wohnraum und Beschäftigung. Diese gehören zu den absoluten Grundbedürfnissen und, solange diese nicht erfüllt sind, haben die oben in der Liste genannten Gefühle auch keine so große Bedeutung. Stelle Dir die menschlichen Bedürfnisse am besten als eine Art Pyramide vor, bei der ganz unten die genannten Grund- und Existenzbedürfnisse stehen. Danach kommen Bedürfnisse wie Sicherheit, Anerkennung, Autonomie und der Sinn sowie das Gefühl der Zugehörigkeit. Wenn einzelne Bedürfnisse ständig zu kurz kommen, führt das nicht gerade zu mehr Zufriedenheit im Leben, ganz im Gegenteil.

Frage Dich einmal selbst, welche sind die drei wichtigsten Bedürfnisse der sozialen und emotionalen Grundbedürfnisse für Dich? Hier gibt es übrigens kein Richtig und kein Falsch. Welchen Bedürfnissen Du den größten Wert beimisst, kann sich von den wichtigsten Bedürfnissen anderer Menschen deutlich unterscheiden. Neben den genannten Bedürfnissen gibt es zum Beispiel noch das Bedürfnis nach Ruhe, Inspiration, Bewegung, Genuss, Spaß und viele weitere. Überlege einmal für Dich selbst, was Dir wirklich wichtig ist und welches Bedürfnis Du selbst immer als wichtiger einstufen würdest. Oft stellen Menschen sich diese doch sehr wichtige Frage gar nicht und machen sich kaum Gedanken darüber, dass vorhandene Bedürfnisse für ein ausgefülltes und glückliches Leben erfüllt sein sollen. Da die Wahrnehmung der Bedürfnisse direkt mit den Gefühlen zusammenhängt, gehört dieser Punkt ganz klar zu der Emotionalen Intelligenz und sollte nicht vernachlässigt werden.

So kannst Du üben, Deine Bedürfnisse wahrzunehmen

Wenn Du demnächst in einer Situation bist, die Dich emotional aufwühlt, dann halte einmal ganz bewusst inne. Woran liegt Deine Unzufriedenheit, Dein Ärger, Dein Frust? Was müsste nun passieren, damit Du Dich wieder wohlfühlen kannst? Öffne Dich in dem Moment einzig Deinem Inneren und lasse die Gedanken über andere Menschen außen vor. Kannst Du dem nicht-erfüllten Bedürfnis einen Namen geben?

Mache diese Übung regelmäßig und Du wirst bemerken, dass Deine Sicht auf Dein Leben insgesamt klarer werden wird. Du fühlst Dich freier und gelöster und siehst wieder mehr Möglichkeiten.

Das bringt es, die eigenen Bedürfnisse wahrzunehmen:

- Du weißt, was Du benötigst und merkst schneller, wenn etwas im Leben fehlt.

- Der erste Schritt, sich zufrieden und erfüllt zu fühlen besteht darin, die Bedürfnisse zu erkennen.

- Du lernst, Dich selbst besser einzuschätzen, und

erfährst, welche Bedürfnisse wirklich wichtig sind.

Wie Sebastian lernt, seine eigenen Bedürfnisse besser wahrzunehmen

Sich seiner Gefühle bewusstwerden, diese überhaupt zu erkennen und sich darauf einzulassen – das hat Sebastian ohne Weiteres mit sich machen lassen. Oder zumindest fast ohne Weiteres, um es einmal ehrlich zu sagen. Diese Übung mit den Bedürfnissen ist ihm leicht suspekt, aber er möchte sich trotzdem darauf einlassen. Da er jedoch mit seinem eigenen Leben nicht wirklich zufrieden ist, so wie es gerade läuft, schadet es bestimmt nicht, zu überlegen, was überhaupt wichtig ist und was nicht ganz so wichtig ist.

Sebastian nimmt sich wieder einmal einen Zettel und einen Stift zur Hand und überlegt dann gezielt, was ihm wirklich wichtig ist. Dabei kommen bei ihm die Punkte der Autonomie, der Wertschätzung und nicht zuletzt auch der Stimulierung auf. Kein Wunder eigentlich, schließlich fühlt er sich in seiner Arbeit nicht wohl und würde am liebsten freier leben, reisen und dabei einer Tätigkeit nachgehen, für die er Wertschätzung erfahren kann. Das alles fehlt ihm aber in seiner aktuellen Arbeit und genau das stellt das Problem dar. Die Grundbedürfnisse wie

Hunger, Durst, eine gewisse Sicherheit und Stabilität sind alle erfüllt – es hapert vielmehr an den weiteren Bedürfnissen, die ebenfalls nicht zu unterschätzen sind.

Das geht sicherlich in der Praxis oder im realen Leben ganz vielen Menschen so. Sich selbst besser einzuschätzen und herauszufinden, welche Bedürfnisse tatsächlich für die eigene Zufriedenheit wichtig sind, ist eine große Aufgabe im Leben. Eine, die in jedem Fall mit der Selbstwahrnehmung und der Selbsterkenntnis einhergeht und nicht von heute auf morgen umgesetzt werden kann. Im Falle von Sebastians Beispiel besteht daher schon einmal die Erkenntnis, was in jedem Fall gut ist. Inwieweit diese Erkenntnis aber hilfreich ist, und welche Änderungen sich daraus langfristig ergeben, wird sich erst noch zeigen.

Hast Du Dir auch schon einmal Gedanken über Deine Bedürfnisse gemacht und kannst Du Dich selbst genug reflektieren, um diese auch auszusprechen? Ganz einfach ist es am Anfang nicht, aber nur ein Beispiel wäre hier das Essen von Schokolade beim Gefühl von Frust. Eigentlich ist es gar nicht die Schokolade, die Du dann brauchst oder wirklich willst – es herrscht mehr ein Bedürfnis vor, mit diesem Frust umzugehen. Nicht nur bei vorhandenem Übergewicht kann es dann Sinn machen, mal den Bedürfnissen hinter den aktuellen Gefühlen auf den Grund zu gehen. Genauso ist es dann auch möglich, diese Bedürfnisse zu erfüllen. Dabei ist es am Ende gar nicht wichtig, ob es sich um das Bedürfnis nach Liebe, Geborgenheit oder um ein ganz anderes handelt. Es geht vor allem darum, in sich selbst hineinzuhorchen und ein besseres Verständnis dafür zu entwickeln, was man wirklich in genau diesem Moment braucht.

Durch Meditation die Emotionale Intelligenz verbessern

Meditation wird schon seit vielen Jahren praktiziert und wurde zum ersten Mal vor über 13.000 Jahren in Indien erwähnt. Das Meditieren erfreut sich auch hierzulande mittlerweile wachsender Beliebtheit. Der Begriff Meditation bedeutet übrigens nachsinnen oder nachdenken. Regelmäßiges Meditieren soll Dir helfen, Deinen Geist zu beruhigen. Deine Gedanken können zur Ruhe kommen. Meditation hilft Dir, Stress abbauen zu können und Dich wieder auf das zu fokussieren, was wichtig ist. Das ist aber noch nicht der gesamte Effekt, falls Du Dich fragst, was die Meditation an dieser Stelle zu suchen hat.

Durch das Praktizieren von Achtsamkeit und Meditation verbessert sich auch ganz allgemein Deine Aufmerksamkeit. Ebenso schärft regelmäßiges Meditieren die Wahrnehmung Deiner Gefühle, Gedanken und Empfindungen Deines Körpers. Daher hat die Meditation einen großen Einfluss auf die Emotionale Intelligenz. Im Übrigen gilt dies auch umgekehrt, denn Menschen, die emotional sehr intelligent sind, haben ein deutlich besseres Verständnis für Achtsamkeit, als andere Menschen. Durch die Achtsamkeitspraxis lernst Du nicht nur Deine eigenen Gefühle und Gedanken besser kennen, sondern auch die Deiner Mitmenschen. Denn Meditation bedeutet auch, dass man allen Lebewesen in Liebe und Akzeptanz begegnet. Durch Mediation wirst Du also auch mitfühlender zu anderen Menschen und Tieren.

Meditation verhilft Dir zudem zu einem besseren Umgang mit Deinen Emotionen. Denn beim Meditieren lernst Du, Deine Gefühle zu beobachten, ohne diese negativ oder positiv zu bewerten. Eben genau das, was in vorherigen Übungen in diesem Buch wichtig oder entscheidend war. Wenn Du Dich gefragt hast, wie Du dieses Betrachten und Wahrnehmen ohne eine Wertung schaffst, solltest Du Dir dieses Kapitel genauer ansehen.

Du nimmst Deine Gefühle und Gedanken also zunächst einfach nur wahr. Dadurch gewinnst Du Abstand von überwältigenden Gedanken und Gefühlen und gewinnst wieder die Oberhand darüber und lässt Dein Leben eben nicht einzig von Deinen Gefühlen bestimmen. Übernimm die Verantwortung für Deine Gefühle, anstatt anderen Personen die Schuld an Deinen Misserfolgen zu geben. Das bedeutet nicht, dass Du emotionslos werden sollst, sondern dass Du wieder der eigene Herr Deiner Emotionen wirst. Dadurch triffst Du auch nicht mehr so häufig Entscheidungen, die für dich negative Konsequenzen haben könnten. Es ist daher nicht unbedingt ein Wunder, dass regelmäßiges Praktizieren der Meditation so wichtig ist, um mit den eigenen Gefühlen und Gedanken zurechtzukommen. Eine höhere Emotionale Intelligenz geht mit der Zeit und mit der Praxis quasi automatisch mit der Meditation einher. Genau das ist auch der Grund, warum diesem Thema ein etwas größeres Kapitel gewidmet ist.

Doch was bewirkt Meditation eigentlich?

Viele Menschen denken beim Thema Meditation an unbewegliches Sitzen auf einem Kissen und an ein seliges, irgendwie entrückt wirkendes Lächeln. Doch Meditation ist schon lange nicht mehr nur etwas für Hippies oder Esoteriker. Auch in der westlichen Welt konnten sich aufgrund der vielen positiven Effekte zahlreiche Meditationstechniken etablieren. Menschen, die regelmäßig meditieren, können ein ruhigeres Leben führen, welches wesentlich entspannter ist. Meist bist Du durch häufiges Meditieren in einer für Dich passenden Technik auch glücklicher und zufriedener.

Wenn Du noch keine Erfahrungen mit Meditation sammeln konntest, wird dies zunächst für Dich wahrscheinlich herausfordernd sein. Du musst jedoch nicht befürchten, dass es gar nicht klappt, sondern solltest der Meditation einfach eine Chance und ein wenig Zeit geben. Die meisten Menschen brauchen einen Moment, bis sie die für sich beste Technik zum Meditieren entdeckt haben und bis sie die vollen Effekte spüren können. So oder so wirst Du merken, dass Deine Emotionale Intelligenz durch eine regelmäßige Meditationspraxis deutlich zunimmt.

Du lernst, achtsamer, intuitiver und aufmerksamer zu werden. Zudem erlangst Du mehr Klarheit, Konzentration und Bewusstheit, wenn Du regelmäßig meditierst. Da Meditation auch Ängste und Depressionen lindern kann, kommt diese übrigens mittlerweile auch vermehrt in Therapien zum Einsatz. Es gibt also zahlreiche Gründe, um mit dem Meditieren zu beginnen. Doch Meditation hat auch auf Deinen Körper und Deinen Geist eine Vielzahl von zusätzlichen positiven Effekten.

Die Wirkung von Meditation auf Körper, Seele und Geist:

- Stärkung des Immunsystems

- Blutdruck sinkt

- Schmerzempfinden sinkt

- besserer Schlaf

- stärkere Leistung

- bessere Kreativität

Wie funktioniert die Meditation? – Einige Übungen, um das Meditieren zu erlernen

Bei der Meditation gibt es unterschiedliche Methoden. So kannst Du manche Techniken im Sitzen, Gehen, Liegen oder sogar durch Tanzen ausführen. Einige Meditationsarten nutzen Musik, Trommeln und weitere Elemente, andere Methoden erfolgen in absoluter Stille.

Letztere, also die Meditation in absoluter Stille, ist auch die beliebteste und die am häufigsten genutzte Methode, um zu meditieren. Meditieren zu erlernen ist übrigens gar nicht so schwer, wie Du vielleicht denkst, und jeder kann ohne Ausnahme meditieren. Du musst dafür auch nicht unbedingt einen Kurs besuchen oder nach Indien reisen, um dort in einem Ashram über Monate hinweg ein asketisches Leben zu leben. Bei der Meditation nimmst Du Dir einfach Zeit für Dich. Du brauchst nichts leisten, bleibe einfach nur im Moment. Beginne zunächst mit kleinen Einheiten, damit Du Dich langsam steigern kannst. Eine einfache und wirksame Übung für Anfänger ist zum Beispiel die Atemmeditation.

Atemmeditation Übung – So geht es!

Suche Dir einen ruhigen Ort, an dem Du Dich wohlfühlst. Achte darauf, dass Du in den nächsten Minuten von niemandem gestört wirst. Sage Deinem Umfeld falls nötig Bescheid und schalte auch Dein Smartphone für den Zeitraum der Übung aus. Setze Dich nun auf ein Kissen oder auf einen bequemen Stuhl. Richte Dich gerade auf und mache Dich zugleich ganz locker. Wenn Du möchtest, kannst Du Dich in die typische Meditationshaltung (Lotussitz) begeben. Daumen und Zeigefinger berühren sich, damit Du Dich besser verbinden kannst. Du kannst am Anfang Deine Hände aber auch auf Deinen Knien ablegen. Es gibt hier kein Richtig oder Falsch – wichtig ist vor allem, dass sich die Haltung und die Praxis für Dich gut anfühlen!

Atme nun tief ein, halte kurz die Luft an und atme wieder aus. Wiederhole dies etwa 5 bis 6 Mal und beobachte dabei Deinen Atem. Sollten Deine Gedanken abdriften, dann sorge dafür, dass Du Dich wieder ganz liebevoll auf Deinen Atem konzentrierst. Kehre immer wieder zurück zu Deinem Atem, mehr musst Du gar nicht tun. Die Übung kannst Du zunächst für zehn Minuten durchführen. Mit der Zeit wirst Du vermutlich ganz automatisch mehr meditieren wollen.

Gehmeditation Übung – So geht es!

Meditation muss nicht immer im Liegen oder Sitzen stattfinden. Du kannst auch während des Gehens meditieren. Gehen ist für uns so selbstverständlich, dass wir es kaum noch schätzen, geschweige denn genießen. Die Gehmeditation beschreibt das bewusste und achtsame Gehen. Suche Dir für diese Übung eine kurze, geeignete Strecke aus, zum Beispiel im Wald. Im Wald nimmst Du nämlich noch zusätzlich die gesundheitsförderlichen Botenstoffe der Pflanzen und Bäume auf. Dennoch kannst Du die Gehmeditation im Grunde überall ausführen, also auch in Gebäuden. Achte auch bei dieser Übung darauf, dass Dich niemand stören kann. Eine gerade Strecke ohne Stolperfallen oder gemeine Löcher auf dem Weg, und ohne die Gefahr, dass ein Auto Dir in die Quere kommt, ist hier am besten geeignet. Schließlich soll es ja nicht zu Unfällen kommen!

Führe die Übung wieder für 10 Minuten durch. Nimm nun eine entspannte Haltung ein und mache Dich locker. Spüre ganz bewusst den Boden, auf dem Deine Füße stehen. Je nach Untergrund und Wohlbefinden kannst Du dafür auch barfuß laufen – dann nimmst Du eine noch bessere Verbindung zum Untergrund auf. Atme tief ein und achte auf Deinen Atem. Während Du nun gehst, achte ganz bewusst auf Deine Empfindungen.

Stelle Dir im Rahmen dieser Übung zum Beispiel folgende Fragen:

- Wie fühlen sich Deine Muskeln an?

- Was spürst Du auf Deiner Haut?

- Wie fühlt sich der Boden an?

Bewege Dich langsam und bewusst und atme ruhig und gleichmäßig. Wenn Du gedanklich abschweifst, versuche Dich wieder auf Deine Empfindungen, das reine Gehen an sich und auf Deinen Atem zu konzentrieren. Wiederhole diese Übung am besten täglich. Nach wenigen Tagen oder Wochen wirst Du ganz sicher schon erste Veränderungen spüren, die sich auch auf Dein Bewusstsein und Deine innere Ruhe auswirken.

Achtsamkeitsmeditation beim Essen

Achtsamkeit kannst Du jederzeit und überall praktizieren. In der Dusche, beim Autofahren oder nach dem Aufstehen. Überhaupt wird in letzter Zeit die Bedeutung der Achtsamkeit zunehmend erkannt – diese spielt auch in Bezug auf die Gefühle eine große Rolle. Es lohnt sich daher ganz klar, Achtsamkeit zu praktizieren. Eine Möglichkeit hierfür ist diese Übung, wobei Du auch ganz andere Beispiele nutzen kannst. Es geht schließlich darum, im Hier und Jetzt zu bleiben, die Gegenwart bewusst zu erleben und mit vollen Sinnen zu genießen.

In der folgenden Übung geht es um achtsames Essen. Meistens essen wir unachtsam, lesen nebenbei oder spielen auf unserem Smartphone herum. Bei der Achtsamkeitsmeditation konzentrierst Du Dich ganz bewusst auf das, was Du tust. Beim achtsamen Essen geht es darum, bewusst langsam zu essen. Betrachte Deine Speise, überlege Dir, welche Arbeitsschritte nötig waren, um das Lebensmittel herzustellen. Kaue ganz bewusst.

Schokoladenmeditation Übung – So geht es!

Für die folgende Übung benötigst Du nur eine kleine, leckere Praline oder alternativ ein Stück Schokolade. Schenke Deinem Vorhaben jetzt wirklich Deine ungeteilte Aufmerksamkeit und schließe kurz Deine Augen. Inhaliere den Duft der Schokolade beim Öffnen der Verpackung. Achte dabei auf Deine Empfindungen. Sieh die Praline oder das Stück Schokoladen nun an, nimm die Form, Farbe und kleine Details wie die Oberfläche wahr.

Nimm sie nun in die Hand und spüre, wie sich die Praline zwischen Deinen Fingern anfühlt. Nimm den Duft der Schokolade auf und lege sie auf Deine Zunge, spüre, wie sie dort langsam schmilzt. Schiebe die Schokolade ein wenig in Deinem Mund herum. Schmeckst Du bestimmte Aromen heraus? Schlucke die Praline nun ganz langsam herunter und spüre, wie sie Deine Speiseröhre herunterrutscht. Du kannst diese Übung auch noch einmal wiederholen.

Auf folgende Dinge kannst Du bei dieser Übung besonders achten:

- Der Geruch der Schokolade

- Die Form, die Konsistenz und die Oberfläche

- Der Geschmack mit all seinen Aromen

- Die Konsistenz in Deinem Mund

Geführte Meditationen

Weitere beliebte Meditationstechniken sind geführte Meditationen und Traumreisen. Diese kannst Du durch eine Audioanleitung ausführen oder indem Du an einem Meditationskurs teilnimmst. Der Meditationsleiter führt Dich dabei durch die Meditation. Bei diesen Techniken soll der Meditierende in eine tiefe Trance gelangen. Dadurch kannst Du unter anderem Dein Selbstvertrauen stärken, Deine Selbstheilungskräfte aktivieren und mitfühlender werden. Im Internet oder bei Kursen wirst Du eine Vielzahl an geführten Meditationen finden, mit denen Du ganz gezielt Deine Emotionale Intelligenz verbessern kannst. Eine beliebte Wahl ist zum Beispiel die Metta-Meditation. Bei dieser nimmt der Meditierende eine wohlwollende Haltung gegenüber allen Lebewesen ein.

Tipps, um regelmäßig zu meditieren

Die vielen positiven Effekte der Meditation können sich nur dann entfalten, wenn Du regelmäßig meditierst. Die folgenden Tipps sollen Dir helfen, Dich zu überwinden und dranzubleiben:

- Meditiere am besten jeden Tag.

- Hab Geduld und erwarte am Anfang nicht zu viel von Dir.

- Halte durch, auch wenn es dich Überwindung kostet.

- Meditiere möglichst immer um die gleiche Zeit, am gleichen Ort.

- Nutze Wartezeiten zum Meditieren.

Egal welche Form der Meditation Dir persönlich am meisten zusagt: Probiere es aus, lass Dich nicht abschrecken und sei gespannt auf die neuen Erkenntnisse, die sich mit der Zeit einstellen können. Eines ist dabei aber sicher: Es wird immer leichter und besser mit der Meditation gehen und es wird Dir im Laufe der Zeit leichter fallen, Dich in die Meditation hineinzubegeben und darin zu bleiben. Wichtig ist dabei neben der Geduld auch, dass Du die für Dich ideale Technik findest. Da wir Menschen alle unterschiedlich sind, gibt es nicht die eine perfekte Option, wie Du das Meditieren anstellen kannst.

Sebastians Meditationsversuche in der Praxis ...

Och nee, bitte nicht! Das sind in kurzer Zusammenfassung die ersten Gedanken, die Sebastian hat, als er von dem Thema Meditation hört und sieht, dass er sich damit mal näher befassen sollte. Genau wie am Anfang des Kapitels beschrieben, ziehen allein beim Wort „Meditation" schon Bilder durch seinen Kopf: Seliges Grinsen, eine fürchterlich unbequem wirkende Sitzhaltung und Menschen, die so viel Zufriedenheit ausstrahlen, dass es schon richtig eklig ist. Zumindest für ihn – und vielleicht auch für den einen oder anderen Leser, da Meditation tatsächlich nicht immer nur positive Gedanken weckt.

Aber er will sich ja wirklich auf das Experiment einlassen, alle Übungen umzusetzen, die für ein glücklicheres Leben wichtig sind. Mehr Zufriedenheit, eine höhere Emotionale Intelligenz, mehr Erfolg im Beruflichen und vor allem: Erkennen, was er wirklich für sein Leben und für seine Zukunft will. Mit den bisherigen Taktiken in seinem Leben kam er an diesem Punkt noch nicht wirklich weiter, sodass Meditation schon gar nicht mehr so übel klingt.

Also los! Die als klassisch bezeichnete Atemmeditation erinnerte Sebastian direkt zu sehr an Guru-Posen und an alles Negative, was er mit dem Begriff verbindet. Das muss doch nicht sein! Die Gehmeditation jedoch klingt schon viel weniger abgehoben und nach einer Idee, die er für sich selbst austesten möchte.

Gesagt, getan: Der gerade, immer ganz verlassene Feldweg in der Nähe seiner Wohnung bietet sich ja regelrecht perfekt für den großen Plan an. Er beginnt mit gleichmäßigen Schritten und ohne Musik im Ohr oder sein Smartphone in der Hand zu laufen. Am ersten Tag seiner Übung ist das Wetter schön, ein bisschen sonnig und nicht zu kalt. Sebastian spürt den leichten Wind in seinem Gesicht und hört die Vögel zwitschern – andere Menschen sind nicht zu sehen. Erstaunlich, aber wahr – diese Form der Meditation hat so gar nichts mit den sonst mit dem Begriff verknüpften Bildern zu tun! Ganz im Gegenteil, es fühlt sich angenehm und erholsam an.

Ganz leicht fällt es ihm nicht, jeden Tag die Zeit für seinen speziellen Spaziergang freizuhalten, aber es klappt dennoch gut. Nach 14 Tagen des täglichen Gehens auf dem Feldweg fühlt er sich zumindest schon gelassener, mehr bei sich und es fällt ihm leichter, mit der einen oder anderen stressigen Situation umzugehen.

Das Ergebnis des kleinen Meditationsexperiments ist daher sehr positiv und Sebastian nimmt sich vor, es auch einmal mit Achtsamkeitsübungen zu versuchen. Die

Atemmeditation ist ihm auch nach zwei Wochen noch sehr suspekt, aber es spricht doch nichts dagegen, sich erst einmal mit der Gehmeditation aufzuhalten, oder? Wie ist es bei Dir? Welche Form der Meditation könntest Du Dir vorstellen oder hast Du es vielleicht sogar schon einmal versucht? Wenn nicht, ist genau jetzt der perfekte Moment gekommen, um sich daran zu wagen und einmal etwas Neues auszuprobieren. Es schadet auf jeden Fall nicht – egal ob Du es mit einer Atem-, einer Geh- oder einer geführten Meditation versuchst. Am Ende muss schließlich jeder Mensch für sich die beste Möglichkeit finden und das vorhandene Potenzial am besten nutzen.

Emotionen gezielt beobachten: Filme nutzen

Beim Thema Emotionale Intelligenz dreht sich alles um das Verständnis von Emotionen, um die Möglichkeit, diese wahrzunehmen und zu verstehen. Nicht immer ist es einfach, in Form von der Beobachtung anderer Menschen zu lernen, wie die Emotionen zu verstehen sind. Für eine Verbesserung der eigenen Fähigkeiten ist es aber besonders wichtig, dass Du Dich immer wieder mit dem Thema, mit den Emotionen von anderen und mit der Bedeutung von diesen beschäftigst. Mit der Zeit und ein wenig Übung kannst Du durch diese Aufgabe auch andere Menschen in realen Situationen beobachten. Für den Anfang ist es aber besser, die Emotionen beispielsweise in einem Film ganz genau zu beobachten.

Diese Übung hilft Dir dabei, ganz gezielt Deine Empathie zu verbessern und zu stärken. Nicht nur die Beobachtung der eigenen Gefühle ist langfristig wichtig, sondern auch die der Menschen in Deiner Umgebung. Ganz ungestört kannst Du Deine Fähigkeiten aber steigern, wenn Du es einmal mit dem Ansehen von Filmen und Serien versuchst. Das mag im ersten Moment eigenartig klingen, kann jedoch viel bewirken und ist Zuhause ganz in Ruhe durchführbar.

So kannst Du Emotionen gezielt beobachten

Suche Dir einen Film oder eine Serie aus, die Dich interessiert und die Du gerne anschauen würdest. Vielleicht auch einen Film oder die Folge einer Serie, die Du bereits kennst und die Du Dir noch einmal anschauen kannst. Fokussiere Dich dann auf die Gefühle, die von den Schauspielern dargestellt werden. Um welche Gefühle handelt es sich? Kannst Du alle Gefühle sofort und umfassend verstehen und für Dich nachvollziehen? Falls nötig, kannst Du auch mit einem Block arbeiten und Dir die wichtigsten Gefühle in prägnanten Szenen aufschreiben.

Versuche, Dich in den Schauspieler, in die jeweilige Rolle hineinzuversetzen. Achte darauf, die Gefühle wirklich aufzunehmen, und versuche immer, sie nachzuvollziehen. Das Beobachten anderer Menschen, in diesem Fall in einem Film oder in einer Serie, hilft dabei, die Gefühle besser nachzuvollziehen. So trainierst Du gezielt Deine Emotionale Intelligenz. Wichtig ist hierbei noch, dass Du diese Übung nicht nur einmal, sondern häufiger durchführst. Mit jedem Mal wird dieses Beobachten ein wenig leichter werden – und genau darin besteht dann der Schlüssel für die Empathie in der Realität. Denn wie willst Du die Gefühle Deines Gegenübers empathisch nachvollziehen, wenn Du sie eigentlich gar nicht verstehst und Dich noch nie damit beschäftigt hast, was der andere fühlt?

Ein kleiner Tipp: Starte lieber allein damit, Deine Filme auf andere Weise anzusehen. Es könnte sonst ein wenig eigenartig, wenn nicht sogar leicht verstörend auf andere wirken, wenn Du beginnst, die Gefühle aller Darsteller genau zu verfolgen. Am besten noch laut und gefangen in einer anderen Welt – auch hier lässt sich Empathie sehr gut üben: Wie würdest Du Dich fühlen, wenn Du in der Situation Deines Gegenübers wärst und dieser sich so verhalten würde? Eben! Es gibt Momente, wo das Ansehen und Genießen von einem Film oder einer Serie ohne Frage besser ist, als diese Übung.

Die Wirkung der Übung in der **Zusammenfassung**:

- Du entwickelst ein besseres Verständnis für die Gefühle anderer Menschen.

- Du lernst, besser und bewusster zu beobachten.

- Du übst ungestört an einem Film alles, was sich später leicht in die Realität und in den Umgang mit anderen Menschen umsetzen lässt.

- Du beginnst, Dich in Situationen und Gefühle hineinzuversetzen, die Du sonst gar nicht nachvollziehen konntest – eine sehr gute Übung für alle Lebenslagen!

Filme und Serien mit unserer Beispielperson schauen

Sebastian liebt Filme und Serien. Wenn an einem Abend weder Treffen mit den Freunden noch Sport anstehen, entspannt er sich gerne bei einem guten Action-Film oder bei einer spannenden Serie. In letzter Zeit ist ihm aufgefallen, dass er zum Teil nicht nachvollziehen kann, warum einige seiner Freunde und Freundinnen so fühlen, wie sie eben fühlen. Anders gesagt: Sebastian merkt, dass etwas von ihm erwartet wird, und kann diese Erwartungen nach aktuellem Stand nicht so wirklich erfüllen. Jetzt erfährt er, dass er sein Hobby, Filme und Serien zu schauen, mit der Fähigkeit, empathischer zu reagieren, kombinieren könnte. Genau aus diesem Grund traut er sich und führt die Übung durch, die ja allein und Zuhause ohne Weiteres möglich ist. Das ist auch besser so, da so niemand anderes etwas von seinen Versuchen mitbekommt.

Er entscheidet sich dann, ausnahmsweise keinen seiner Lieblingsfilme anzusehen, sondern startet mit einer Serie, die er bereits kennt. Beim Ansehen der Serie, wobei eine Folge nur 25 Minuten lang dauert, stellt er fest, wie schwierig es ist, alle Gefühle akribisch festzuhalten.

Du hast diese Aufgabe genau wie Sebastian erfolgreich bewältigt, und schaust seit neuestem Filme und Serien auf andere Weise? Dann kannst Du jetzt zur Verbesserung Deiner Empathie noch einen Schritt weiter gehen. Wie? Das verraten Dir die kommenden Übungen.

Verbessere Deine Kommunikationsfähigkeit

Um mehr Emotionale Intelligenz zu entwickeln, lohnt es sich, Deine eigene Kommunikationsfähigkeit zu hinterfragen. Du willst etwas Wichtiges sagen, aber das Gespräch verläuft nicht in die Richtung, in die Du wolltest? Dann kann es sein, dass Du auf einer anderen Ebene kommunizierst, als Dein Gesprächspartner. Das passiert sogar sehr schnell und ist nicht zuletzt im Alltag immer wieder ein Grund für vorhandene Missverständnisse. Diese kannst Du verhindern, wenn Du Deine Kommunikationsfähigkeit verbesserst und lernst, Dich passend und auf der richtigen Ebene auszudrücken.

Um die Kommunikation besser zu verstehen, soll ein Kommunikationsmodell des Psychologen Friedemann Schulz von Thun behilflich sein, welches deshalb an dieser Stelle kurz vorgestellt wird. Das sogenannte „Vier-Ohren-Modell" soll zeigen, wie Menschen miteinander kommunizieren und was dabei passiert. Vielleicht hast Du von diesem bekannten Kommunikationsmodell bereits in der Schule oder in Deiner Ausbildung gehört.

Laut diesem Modell gibt es bei einem Gespräch zwischen

zwei Personen immer den Sender, den Empfänger und die Botschaft oder Mitteilung. Diese Botschaft kann der Empfänger laut Schulz von Thun auf vier unterschiedlichen Ebenen interpretieren. Der Sachebene, der Beziehungsebene, der Appellebene oder der Selbstoffenbarungsebene. Der Sender kommuniziert ebenfalls auf einer Ebene, allerdings nicht immer auf der gleichen Ebene wie der Empfänger. Kommt es zu einem Konflikt, dann entstehen Missverständnisse und die Gesprächspartner kommunizieren wahrscheinlich auf unterschiedlichen Ebenen. Der Empfänger interpretiert die Botschaft womöglich auf einer anderen Ebene als der Sender. In diesem Fall ist es wichtig, das Missverständnis anzusprechen und auf einer möglichst sachlichen Ebene zu kommunizieren. So lassen sich offene Konflikte verhindern oder abschwächen und es ist möglich, die entsprechenden Missverständnisse sachlicher zu klären. Dafür müssen die eigenen Gefühle auch in diesem Fall erkannt und bis zu einem gewissen Grad beherrscht werden.

Bei der Sachebene werden Daten und Fakten kommuniziert. Auf der Beziehungsebene geht es hingegen darum, in welcher Beziehung Sender und Empfänger zueinanderstehen. Auf der Appellebene kommuniziert der Sender Befehle, Ratschläge oder Bitten und bei der Selbstoffenbarungsebene gibt der Sender etwas Privates über sich preis. Letzteres schafft Vertrauen und eine Verbindung zueinander. Die Schwierigkeit nach dieser Art der Kommunikation besteht aber nicht nur darin, dass die Gesprächspartner oft auf unterschiedlichen Ebenen kommunizieren. Auch das mangelnde Bewusstsein und die falsche Interpretation einer Botschaft führen zu Konflikten und Missverständnissen.

Um Dich in Deinen Gesprächspartner besser hineinversetzen zu können, kannst Du Folgendes tun:

- suche Gemeinsamkeiten, benenne diese

- sprich Deine Wünsche, Ziele, Sorgen und Ängste an

- stelle Fragen und sei interessiert an Deinem Gegenüber

- höre **aktiv** zu (sicherlich einer der schwierigsten und am meisten vernachlässigten Punkte)

Hören, Hinhören oder Zuhören? – Zuhören trainieren
Hören ist nicht automatisch gleich Zuhören. So unterscheidet man zwischen Hören, Hinhören und Zuhören. Beim Hören ist die Person meist eher mit sich selbst beschäftigt und wartet oft nur darauf, bis sie selbst reden kann. Hinhören bedeutet hingegen, dass die Person zwar aufnimmt, was das Gegenüber sagt, sich aber nicht wirklich bemüht, herauszufinden, was dieser meint. Beim Zuhören versetzt sich das Gegenüber völlig in seinen Gesprächspartner, schenkt seine Aufmerksamkeit und achtet sowohl auf den Inhalt als auch auf die Zwischentöne.

Die Übung „der Mixer":
Mit dieser Übung kannst Du die Qualität Deines Zuhörens enorm steigern. Begebe Dich hierfür an einen Ort, an welchem viele Geräusch aufeinandertreffen. Richte nun Deinen Fokus nacheinander auf einzelne Geräuschquellen. Konzentriere Dich zum Beispiel auf das Zwitschern der Vögel in den Bäumen, ein Gespräch zwischen den Personen neben Dir, oder das Rauschen des vorbeifahrenden Zuges in der Ferne. Zähle einmal, wie viele Geräuschquellen Du wahrnimmst.

Die Übung „völlige Ruhe":

Diese Übung kannst Du am besten am Morgen machen. Nimm Dir ab heute drei Minuten täglich Zeit, um am Morgen im Bett zu bleiben und auf alle Geräusche zu achten, die Du wahrnimmst. Zunächst wird dies herausfordernd sein, da Du es nicht gewohnt bist, mit der Zeit wird sich aber eine gewisse Routine einstellen und diese Übung hilft Dir, achtsamer zu sein.

Aktives Zuhören nach Carl Ransom Rogers

Aktives Zuhören geht auf den Begründer der Gesprächstherapie (in der medizinischen Psychologie) zurück, Carl Ransom Rogers. Beim aktiven Zuhören geht es um gegenseitige Akzeptanz und bedingungslose Wertschätzung. Beide Gesprächspartner sollten offen, empathisch und authentisch zueinander sein.

Übung aktives Zuhören – So geht es!

Suche Dir einen Gesprächspartner, vielleicht einen Freund, und probiere das aktive Zuhören mit den folgenden Techniken aus. Dabei handelt es sich um einige Ideen, die sehr wirksam sind und Deine Fähigkeiten auf verschiedenen Ebenen steigern können. Aktiv zuhören zu können ist bei jedem Kontakt mit anderen Menschen wichtig und ganz klar nicht zu unterschätzen. Deshalb lohnt es sich hier, dieser Fähigkeit mehr Aufmerksamkeit zu widmen und sich wirklich zu bemühen, besser, genauer und vor allem aktiver zuzuhören. Dadurch trainierst Du schließlich nicht zuletzt auch, Dich besser in den anderen Menschen hineinzuversetzen und noch mehr auf die Gefühle zu hören.

Verbalisieren: Spiegele die Gefühle Deines Freundes zum Beispiel mit dem folgenden Satz: „Das hat Dich scheinbar ziemlich verärgert?"

Nachfragen: „Was ist eigentlich vorher passiert?"

Unklares klären: „Hast Du das so gemeint …?" Es ist hier wichtig, nicht zu warten, bis eine unklare Aussage so bleibt – nur wenn Du wirklich verstehst, wovon die Rede ist, kannst Du passend darauf reagieren.

Paraphrasieren: Wiederhole die Aussage Deines Freundes mit Deinen eigenen Worten. Es geht hier nicht darum, den anderen nachzuahmen, sondern nur darum, zu signalisieren, dass Du wirklich zuhörst und das Gesagte auch entsprechend aufnimmst.

Zusammenfassen: Fasse die Aussage Deines Freundes in wenigen Worten zusammen. Quasi ein kleines Fazit, worin die Kernaussage enthalten ist.

Weiterführen: „Was ist danach passiert?"

Aktives Zuhören bedeutet demnach kurz gesagt, Deinem Gegenüber mit Aufmerksamkeit und Interesse zu begegnen. Das ist am Anfang sicherlich nicht immer einfach und so macht es Sinn, die Fähigkeiten mit der Zeit zu steigern.

Aktives Zuhören ist auf vielen Ebenen wichtig:

- Es treten deutlich weniger Missverständnisse auf.

- Der Gesprächspartner fühlt, dass seine Aussagen wichtig sind und angehört werden.

- Die Akzeptanz der anderen wird geübt.

- Man erfährt wesentlich mehr über die andere Person.

- Die Kommunikation im Allgemeinen wird verbessert.

- Die andere Person erfährt Wertschätzung und wird diese ebenso zurückgeben.

- Hilfreich in allen Konfliktsituationen – sowie zur Vermeidung solcher Situationen.

Kann Sebastian aktiv zuhören? Hier kommen seine Versuche

Sebastian hat einen Kumpel, der in letzter Zeit ein wenig in Schwierigkeiten steckt und jemanden gesucht hat, mit dem er darüber richtig sprechen kann. Für ihn selbst war das immer recht schwer, wenn auch nicht unmöglich. Jetzt steht wieder ein Treffen an und er versucht, durch die vorher genannten Übungen das aktive Zuhören zu verbessern und mehr darauf einzugehen, was sein Kumpel sagt und was ihn bewegt.

Nach dem Gespräch stellen sich zwei Dinge heraus. Erstens ist der Kumpel total glücklich mit dem Verlauf des Gesprächs und bedankt sich sogar dafür. Zweitens ist es beim ersten Mal wirklich ziemlich ungewöhnlich, die Techniken anzuwenden, und es fällt wirklich schwer, nicht die ganze Zeit in das alte Verhaltensmuster zurückzufallen. Fest steht vor allem, dass der erste Versuch des ganz bewussten, aktiven Zuhörens seinen Kumpel ganz klar zufriedengestellt hat – nur Sebastian selbst muss hier noch ein wenig üben, bevor er das alles richtig gut beherrscht.

Kritikfähigkeit für ein besseres Miteinander

Zur Emotionalen Intelligenz zählt auch die Kritikfähigkeit. Es bedeutet, dass Du auch Kritik annehmen und damit umgehen kannst, wenn Du kritisiert wirst. Ebenso wichtig ist aber auch, dass Du selbst anderen Personen Kritik geben kannst. Dennoch sollte die Kritik, die Du aussprichst und bekommst natürlich konstruktiv sein, also sinnvoll und förderlich. Bestimmt kennst Du auch die Menschen, die gar nicht mit Kritik umgehen können und immer austeilen, sobald ein kritisches Wort fällt. Das zeugt nicht von einer hohen Emotionalen Intelligenz und so ist neben einer hohen Kommunikationsfähigkeit mit aktivem Zuhören auch der Punkt der Kritikfähigkeit sehr wichtig. Entsprechende Fähigkeiten wirken sich auf alle zwischenmenschlichen Beziehungen aus, auf private und berufliche Kontakte gleichermaßen, da Kritik immer wieder auftreten wird. Kritik kann man ja auch immer als Chance sehen, um sich zu verbessern. Aber eben nur, wenn es sich um konstruktive Kritik handelt.

Mit diesen **fünf Schritten** kannst Du Deine Kritikfähigkeit verbessern:

1. Nimm Distanz ein

Lerne im ersten Schritt, nicht sofort auf Kritik reagieren zu müssen. Lass Dir Zeit und beobachte zunächst, wie Du Dich durch die Kritik fühlst. Eine gewisse Distanz sorgt dafür, dass Du ruhiger und weniger emotional oder ausfallend auf die kritischen Worte reagierst. Gerade bei einem schriftlichen Kontakt ist es sehr gut möglich, diese Distanz einzunehmen und erst einmal die folgenden Fragen für Dich zu beantworten:

- Was löste die Kritik in Dir aus?

- Was denkst Du in dem Moment über Dich selbst?

- Was denkst Du über die Person, die Dich kritisierte?

- Wie würdest Du gern reagieren?

Erst nachdem Du so intensiv und mit ein wenig Abstand über die Kritik
nachgedacht hast, reagierst Du darauf. Eine solche Haltung verbessert Deine Kritikfähigkeit und offenbart einiges über Dich selbst.

2. Höre richtig zu

Manche Menschen warten nur darauf, dass ihr Gegenüber zu Ende gesprochen hat, um dann zu reagieren – beispielsweise mit Rechtfertigung oder Verteidigung. Höre daher genau zu, was Dein Kritikgeber sagt und lasse ihn erst ausreden. Du kannst auch um Bedenkzeit bitten oder das Gespräch zu einem anderen Zeitpunkt fortsetzen.

Passend zu diesem Punkt findest Du in der letzten Übung Hinweise dazu, wie Du lernst, aktiv umzugehen. Ein wenig innere Ruhe schadet hier auch nicht, damit Du Dich nicht direkt rechtfertigst. Durch ein solches Verhalten nimmst Du meist gar nicht richtig wahr, was überhaupt kritisiert wird und kannst entsprechend auch gar keine konstruktive Kritik annehmen. Dadurch verpasst Du aber eine wichtige Chance!

3. Kämpfe nicht gegen den Kritiker

Kritik ist eine Möglichkeit, um eine Veränderung vorzunehmen. Wenn die Kritik angemessen war, dann kannst Du Dich dafür bedanken. Wenn Du Kritik nicht als etwas siehst, was Deinen Wert mindert, dann musst Du auch nicht gegen den Kritiker kämpfen. Siehst Du die Kritik allerdings als Angriff, dann wird Dich dies unzufrieden machen. Außerdem kannst Du Dich nicht weiterentwickeln und die Beziehung zu der Person, die die Kritik ausgesprochen hat, kann darunter leiden. Es geht daher nicht nur um die eigene Reaktion auf die Kritik, sondern auch darum, wie Du innerlich mit diesen Worten umgehst.

4. Nimm Dir unsachliche Kritik nicht zu Herzen

Wenn Du ein Mensch bist, der vieles persönlich nimmt, dann solltest Du Dich zunächst fragen, ob die Kritik berechtigt ist. Unberechtigte Kritik hat oft mehr mit der Unzufriedenheit Deines Gegenübers zu tun, als mit Dir. Bei Kritik soll es auch nicht darum gehen, Fehler vorgehalten zu bekommen. Denke daran, Du hast immer die Freiheit, selbst zu entscheiden, wie viel und welche Kritik Du annehmen möchtest.

Versuche, Dich nicht in Diskussionen zu verstricken, denn das kann am Ende mehr schaden als nützen. Ungerechtfertigte Kritik darfst Du jedoch getrost ablehnen. Das gelingt Dir umso besser, je größer Dein Selbstwertgefühl ist. Es gibt immer Menschen, die auf eine solche Weise völlig unsachlich kritisieren. Das solltest Du versuchen, nicht als Kritik an Dir selbst zu sehen. Vielmehr zeugt ein solches Verhalten meist eher von der mangelnden Kritikfähigkeit der anderen Person, von einem oft geringen Selbstbewusstsein und nicht zuletzt von einer geringen Emotionalen Intelligenz. Genau diese Dinge solltest Du im Hinterkopf behalten, wenn Du regelrecht boshaft oder unsachlich kritisiert wirst. Es ist am Anfang meist nicht leicht, ein so starkes Selbstbewusstsein zu haben, dass diese Punkte dann eben nicht so stark zu Herzen genommen werden.

5. Sei nicht zu selbstkritisch oder perfektionistisch

Kritik zu geben und anzunehmen ist gut, wenn sie sinnvoll und förderlich ist. Versuche jedoch nicht, zu hart und selbstkritisch mit Dir zu sein. Fehler sind kein Weltuntergang, doch Kritik soll nicht dazu dienen, dass Du an Deinem Wert als Person zweifelst. Lerne also, Dich mit Deinen Fehlern und Schwächen auszusöhnen. An diesem Punkt sind Selbstakzeptanz und ein gesundes Selbstbewusstsein wichtig. Kritiker wirst Du immer haben – Du kannst und sollst nicht versuchen, keine Kritik mehr zu ernten. Das würde definitiv nicht funktionieren und ist daher völlig ausweglos.

Ein guter, gesunder Umgang mit Kritik, sowie die Möglichkeit, selbst sachliche und berechtigte Kritik auszusprechen, gehört ebenfalls zu einer hohen Emotionalen Intelligenz dazu. Wie wohl Sebastian mit Kritik umgeht, gehört Kritikfähigkeit zu seinen Stärken? Dazu kommen wir jetzt in unserem praktischen Beispiel:

Kritikfähig zu sein ist aus vielen Gründen wichtig:

- Man erkennt Fehler und kann an diesen arbeiten

- Weniger Perfektionismus = bessere und schnellere Ergebnisse und viel weniger Stress

- Es fällt leichter, Verbesserungen anzunehmen, ohne sich für die Kritik schlecht zu fühlen

- Kritik auszusprechen fällt ebenfalls leichter

Ein gesunder Umgang mit der Kritik in der Praxis
Als kritikfähig würde Sebastian sich jetzt nicht unbedingt bezeichnen. Bei sachlicher, in seinen Augen angemessener Kritik geht es vielleicht noch und ein Wutausbruch ist dann nicht unbedingt die direkte Folge davon. Anders sieht es aber aus, wenn die kritischen Worte vielleicht unsachlich geäußert werden, oder so, dass diese fast schon als persönlicher Angriff bezeichnet werden könnten. Genau aus diesem Grund hat Sebastian jetzt schon länger vor, sich in dieser Hinsicht mal etwas weiterzuentwickeln, und möchte besser mit Kritik umgehen können.

132

Sebastian hat sich Kritik immer sehr zu Herzen und diese ganz persönlich genommen. Wohl aus dem gleichen Grund kämpft er ständig gegen Kritik an, sobald diese auch nur ein bisschen unsachlicher ausfällt. Genau deshalb bemüht er sich ab jetzt, die Kritik mehr anzunehmen, wenn sie gerechtfertigt ist und nicht mehr ganz so stark dagegen anzukämpfen. Das ist zwar alles andere als einfach, jedoch ist zumindest das damit zusammenhängende Gefühl nicht mehr ganz so negativ. Das ist auch schon einmal viel Wert – an seiner eigenen Fähigkeit, mit Kritik besser umzugehen, wird Sebastian aber mit der Zeit feilen müssen, da diese noch ein wenig ausgeprägter sein könnte. Aber das kann ja noch kommen.

Empathie: In andere Menschen hineinversetzen

Immer wieder ging es in diesem Buch um die Empathie, ohne die eine hohe Emotionale Intelligenz gar nicht denkbar ist. Du hast mehr über die Vorteile genau wie über die Nachteile der Empathie erfahren und kennst auch Möglichkeiten, wie Du Deine Fähigkeiten in diesem Bereich steigern kannst. Jetzt kommen an dieser Stelle zwei weitere Übungen rund um die Empathie, durch die Du Dich besser in die Menschen hineinversetzen kannst.

Die erste Übung dürfte dabei schwerer fallen als die zweite, da es wirklich alles andere als einfach ist, sich in eher unangenehme Personen hineinzuversetzen. Es wird Dir aber in vielen Lebenslagen helfen, wenn Du Dich in alle möglichen Menschen gut hineinversetzen kannst. Wir versetzen uns tatsächlich lieber in die Menschen, die positive Gefühle ausstrahlen oder mit denen wir sympathisieren. Wir fühlen uns diesen Menschen näher und das ist auch völlig normal – doch man muss es sich ja nicht ganz so einfach machen. Bist Du bereit dafür, Deine Empathie und Deine Fähigkeiten in diesem Bereich zu verbessern?

Übung: Sich in unangenehme Personen hineinversetzen

Sich in nette, sympathische Menschen hineinzuversetzen ist gar nicht so schwer? Stimmt – schließlich lassen sich deren Gefühle noch irgendwo verstehen und wirken nicht ganz fremd. Ganz anders sieht das aber aus, wenn uns die Person extrem unsympathisch ist und wir die Gefühle der anderen Person entsprechend gar nicht verstehen können. Darin liegt aber genau die besondere Bedeutung und nicht zuletzt auch die Schwierigkeit. Aus diesem Grund sollst Du Dich in dieser Übung nicht in die nette Sekretärin oder den Kollegen hineinversetzen, mit der oder mit dem Du Dich ohnehin gut verstehst. Ganz im Gegenteil: Es geht darum, sich in eine ganz und gar unsympathische Person hineinzuversetzen.

Ein gutes Beispiel wäre jetzt, dass Du versuchst, Dich einmal in den schrecklichen, cholerischen Chef hineinzuversetzen. Oder in die Nachbarin, die immer nur über Dich lästert und ganz und gar unausstehlich ist. Versuche, Dich im Rahmen dieser Übung ganz und gar in die andere Person hineinzuversetzen und dabei auch zu erkennen, was denn hinter diesem negativen Verhalten stecken könnte. Manchmal sind es Neid, Wut oder die Unzufriedenheit mit dem eigenen Leben – es ist schwierig, sich in solche Menschen genauer hineinzuversetzen. Unmöglich ist es aber ohne Frage nicht und es wird Dir dabei helfen, empathischer zu werden. Wichtig ist bei dieser Übung auch die Erkenntnis, dass dieses Hineinversetzen in einen anderen Menschen nicht bedeutet, dass man diesen auch verstehen muss. Es geht nur um das Verständnis der Gefühle und darum, vielleicht auch die jeweiligen Beweggründe besser nachvollziehen zu können.

Wer ist es bei Dir, wer ist die Person, die Dich nie gut behandelt hat und in die Du Dich jetzt einmal genauer hineinversetzen solltest? Fest steht, dass es im Leben von den meisten Menschen weit mehr als nur eine solche Person gibt, bei der die empathischen Fähigkeiten an die Grenze gebracht werden – und die sich daher einfach perfekt zum Üben eignet.

Übung: Beschäftigung mit den Menschen

Diese Übung ist sicherlich ein wenig einfacher und kann leichter umgesetzt werden, als es bei der ersten der Fall war. Hier geht es ähnlich wie in der Übung mit dem Film darum, andere Menschen zu beobachten und zu versuchen, Dich in diese Menschen hineinzuversetzen. Dabei kann es sich um fremde Menschen auf der Straße, um Bekannte oder um Freunde handeln. Möglichkeiten gibt es viele – versuche vor allem, Dich wirklich auf die neue Erfahrung einzulassen und die anderen Menschen zu studieren. Mit der Zeit steigen auf diese Weise ganz sicher die eigenen Fähigkeiten an.

Das bringt Dir diese Form der Empathie:

- Du lernst etwas über andere Menschen und ihre Beweggründe.

- Du steigerst Deine empathischen Fähigkeiten sehr stark.

- Das Verhalten anderer Menschen wird so meist besser verstanden.

- Hilfreich zur Entschärfung von Missverständnissen und Konflikten – oft verstehen wir unser Gegenüber schließlich einfach nicht.

Die Versuche der Empathie mal in der Praxis

Sebastian lässt sich nach dem Lesen dieser Aufgaben direkt darauf ein – da er aber schon fleißig andere Menschen in den Filmen und Serien beobachtet hat, beschränkt er sich hier ganz auf die erste Übung. Sich in absolut unsympathische Personen hineinzuversetzen ist schließlich auch eine viel größere Herausforderung, als immer nur empathisch auf Menschen zu reagieren, die man selbst mag und gut verstehen kann.

Da ist diese eine Kollegin auf der Arbeit, die ihm immer mit totaler Ablehnung, fast schon Wut gegenübertritt. Die Frau sorgt einfach nur dafür, dass Sebastian sich extrem unwohl fühlt und auf die Idee, sich mal in sie hineinzuversetzen, wäre er sonst wohl auch nie gekommen. Genau das ist jetzt aber die Übung des Tages und nach der nächsten Begegnung bemüht er sich daher, sich einmal in die Kollegin hineinzuversetzen. Dabei fällt ihm auch auf, dass sie grundsätzlich auf der Arbeit wenig beliebt ist, oft aneckt und über das Privatleben so gut wie nichts bekannt ist. Die Beschäftigung mit ihr ist jetzt nicht gerade seine Lieblingsaufgabe, aber eines steht fest: Vielleicht ist die Kollegin nur so unausstehlich, weil sie sich einsam oder von anderen ausgegrenzt fühlt. Sebastian nimmt sich nach der Übung vor, einfach mal auf die Kollegin zuzugehen – vielleicht bringt das gar nichts, doch es kann ja auch zu einer Änderung des Verhaltens führen ...

Andere Kulturen: Mehr als interkulturelle Kompetenz

In unserer globalisierten Welt ist es zunehmend wichtig, andere Sprachen zu sprechen, sich auf der ganzen Welt auszukennen und sich interkulturelle Kompetenzen anzueignen. Jetzt fragst Du Dich, was denn andere Kulturen mit der Emotionalen Intelligenz zu tun haben? Das ist eigentlich ganz einfach, da es bei der Auseinandersetzung mit anderen Kulturen unter anderem um Empathie geht. Wie willst Du andere Kulturen verstehen, akzeptieren und mit ihnen kommunizieren, wenn Du doch ihre Gefühle so gar nicht verstehen kannst? Es ist kaum möglich, ohne Akzeptanz, Empathie und eine grundsätzliche Offenheit gegenüber anderen Verhaltensweisen, gut mit Menschen aus anderen Kulturen zurechtzukommen.

Genau deshalb findest Du in diesem Buch auch eine Aufgabe, die sich um die interkulturelle Kompetenz dreht. Auf diese Weise kannst Du Deine neuen Fähigkeiten mal auf andere Weise üben und es ist gar nicht so einfach, mit den Menschen anderer Kulturen zurechtzukommen und die offensichtlichen Unterschiede zu akzeptieren. Genau diese Unterschiede können wirklich groß ausfallen und es erfordert dann einen guten Umgang mit den eigenen Emotionen sowie viel Toleranz, Flexibilität und Offenheit gegenüber anderen Menschen, um diese zu akzeptieren. Es steht tatsächlich fest, dass Emotionen stark von der jeweiligen Kultur geprägt werden. Das bedeutet im Umkehrschluss, dass Empathie sehr viel schwerer ist, wenn Dein gegenüber eben nicht aus der eigenen Kultur kommt.

So übst Du Deine interkulturelle Kompetenz

Beginne am besten mit dem Ansehen von Filmen und Serien, die ganz klar aus anderen Kulturen stammen, und versuche, Dich in die jeweiligen Gefühle hineinzuversetzen. Wie wäre es mit einer Telenovela aus Lateinamerika, dem indischen Bollywood Drama oder einem chinesischen Film? Nachdem Du Dich in Sachen Filme oder Serien gesteigert hast, kannst Du Dich hinaus in die Welt begeben. Entweder beobachtest Du Menschen aus anderen Kulturen genauer – oder Du bist vielleicht auf Reisen und kannst am praktischen Beispiel üben. Fest steht dabei, dass es immer wieder interkulturelle Differenzen geben wird und es vielleicht auch Emotionen gibt, die einfach nicht sofort erkennbar oder verständlich sind. Das ist aber ganz normal und nur ein Zeichen davon, dass Du vielleicht noch ein wenig mehr üben solltest.

Was Dir der Kontakt mit anderen Kulturen bringt:

- Du lernst, auch Gefühle zu erkennen, die sich aus kulturellen Gründen gänzlich von Deinen eigenen unterscheiden können

- Schenkt Dir Offenheit, neue Erkenntnisse und

Wissen rund um andere Kulturen

- Hilfreich im Berufsleben und im Privaten beim Kontakt mit Menschen anderer Kulturen

- Beugt nicht zuletzt Missverständnissen vor, die im Zusammenhang mit anderen Kulturen noch häufiger anfallen können

- Empathie bei Menschen anderer Kulturen ist quasi die Königsdisziplin und kann am Anfang eine echte Herausforderung darstellen

Sebastian auf Reisen – ein kleines Praxisbeispiel

Sebastian liebt es, zu reisen und wenn er Urlaub hat, dürfen es auch gerne exotische Länder sein. Praktischerweise steht sein Aufenthalt in Vietnam kurz bevor, da er sich schon lange gewünscht hat, mehr in Südostasien unterwegs zu sein. Mit den Einheimischen Kontakt zu suchen und sie so gut wie möglich zu verstehen, das ist jetzt sein Anspruch nach dem Lesen dieser Aufgabe. Eines steht aber jetzt schon fest, auch wenn die Reise noch nicht durchgeführt wurde: Eine Herausforderung wird es in jedem Fall sein, da es zwischen Mitteleuropa und Südostasien schon eine Menge kulturelle Unterschiede gibt ...

Traust Du Dich auch und versuchst Dich bei deiner nächsten Reise einmal in die Menschen vor Ort hineinzuversetzen? Aus eigener Erfahrung steht dabei eines fest: Selbst nach jahrelanger Übung kann diese Form der Empathie sowie die interkulturelle Kompetenz ganz schön schwierig sein. Denn in die Emotionen und die dahinterliegenden Beweggründe spielt so viel von der jeweiligen Kultur mit, dass eine Interpretation nicht leichtfällt. Vielleicht ist Dir das bei Dir selbst ja schon aufgefallen? Nicht umsonst reagieren die Deutschen, die Schweizer oder die Österreicher in manchen Situationen auf eine bestimmte Art – die in anderen Kulturkreisen als fremd und unverständlich empfunden wird.

Zum Abschluss: Nicht übertreiben!

Jetzt hast Du in den letzten Übungen so schön gelernt, alle Gefühle zuzulassen und bei anderen zu erkennen, und genau jetzt kommt die letzte Aufgabe, in der Du es eben nicht übertreiben sollst? Der Hintergrund an dieser Stelle ist, dass es ganz normal und menschlich ist, zu übertreiben und sich ein bisschen mehr in alles hineinzusteigern. Das stellt aber nicht immer eine gesunde Vorgehensweise dar, sodass es nicht schadet, ab und zu mal auf die Bremse zu treten. Sonst gewinnst Du weniger an Emotionaler Intelligenz, sondern wirst vielmehr nervig und übertreibst es einfach immer.

Ohne Emotionale Intelligenz fehlt im Leben ganz klar etwas ganz Wichtiges. Zu viel zu analysieren und alles immer bis in das letzte Detail zu hinterfragen ist aber ebenfalls nicht gut. Gefühle sind nicht zuletzt dynamisch und sollten hinsichtlich dieser Dynamik auch nicht zu sehr eingeschränkt werden. Diese Dynamik zerstörst Du aber, wenn Du es mit der Analyse übertreibst. Die Emotionen zuzulassen und sich von diesen aber trotzdem nicht zu sehr herunterziehen zu lassen – genau darin besteht die Bedeutung dieser Übung. Alles sollte ausgewogen und nicht zu übertrieben stattfinden. Es geht darum, ein gesundes Gleichgewicht zu finden und es nicht zu übertreiben.

So geht diese Aufgabe

Passend zu einer der Übung am Anfang dieses Buches geht es darum, den Gefühlen, auch den negativen, zu einer bestimmten Zeit des Tages Platz einzuräumen. Beginnst Du damit, den ganzen Tag über alle Gefühle zu hinterfragen, genau zu analysieren, und lässt Du Dich von diesen vielleicht auch herunterziehen? Achte einmal auf solche Anzeichen und stoppe dann bei der Analyse – suche Dir einen Moment am Tag, an dem Du die Gefühle genauer analysierst und beachtest.

Wichtig ist vor allem, dass Du so lernen kannst, besser mit negativen Gedanken zurechtzukommen. Diese Art der Gedanken ist völlig normal und es ist auch normal, diese so zu fühlen. Du solltest Dich nur nicht zu sehr in diese negativen Gefühle hineinsteigern und diese nicht den gesamten Tag bestimmen lassen. Das gelingt besser, wenn Du mit der Zeit lernst, Deinen Gefühlen einen gesunden, angemessen großen Raum einzuräumen, es aber dabei nicht zu übertreiben.

Einmal auf die Bremse treten – in der Realität

Wie jetzt? Jetzt hat Sebastian sich wochenlang mit seinen eigenen Gefühlen und denen anderer Menschen beschäftigt – sogar in Filmen und mit denen der Verkäuferin im Supermarkt oder der grummeligen Frau im Zug. Und nun soll er plötzlich einen Schritt zurückrudern, weniger übertreiben und eben nicht immer alles analysieren? Das kann doch wohl nicht wahr sein! Aber nach einem Moment des Überlegens leuchtet ihm ein, dass man es wohl auch ganz leicht mit der Analyse aller Gefühle übertreiben kann. Vielleicht ist ihm genau das sogar schon passiert und jetzt kann es sicherlich nicht schaden, die Gefühle ab und zu einfach Gefühle sein zu lassen. Die da sind, jedoch nicht weiter belasten oder Probleme bereiten, weil sie da sein dürfen!

Beim nächsten Anflug von der neuen Angewohnheit, alle Gefühle ohne Pause intensiv auseinanderzunehmen, hält er daher inne. Am Abend ist der gewählte Moment gekommen, an dem die Gefühle herausgelassen werden können. Sebastian hat im Rahmen dieser Übung für sich herausgefunden, dass Ablenkung am besten funktioniert, wenn er es wieder mit der Selbstanalyse übertreiben möchte. Gut funktionieren für ihn Sport, die geliebten Serien und Filme oder einfach ein positives Lied – diese

Strategien zur Ablenkung sind vor allem bei negativen Gefühlen immer hilfreich.

Wenn Dich negative Gefühle überkommen, was hilft Dir persönlich dabei, Dich wieder besser zu fühlen? Finde heraus, wann Du Deinen Gefühlen genug, jedoch nicht zu viel Raum in Deinem Leben gibst. Emotional intelligent zu sein bedeutet schließlich nicht, jedes Gefühl zu sezieren, in nichts anderem mehr, als in der Gefühlswelt zu leben und gar nichts mehr außerhalb der Emotionen mitzubekommen.

An dieser Stelle findest Du noch einmal in der kurzen Zusammenfassung und zum Abschluss einige Punkte, die bei der Emotionalen Intelligenz besonders wichtig sind. Dadurch fällt es vielleicht leichter, ein passendes Maß zu finden und die Gefühle weder zu wenig noch zu viel zu beachten:

- Sich in einen anderen Menschen hineinzuversetzen bedeutet nicht, alle Gefühle aufzusaugen und sich davon (negativ) beeinflussen zu lassen.

- Es ist wichtig, für sich selbst eine gesunde Balance zu finden – lasse Dich nicht von Deinen Gefühlen beherrschen, sondern finde für Dich selbst ein gutes Gleichgewicht.

- Nur wer sich bemüht, die eigenen Gefühle wahrzunehmen und zu steuern, kann die Emotionen von anderen verstehen.

- Emotional intelligente Menschen lassen sich aufgrund ihrer Fähigkeiten nicht von anderen Menschen ausnutzen und verstehen es auch, sich abzugrenzen.

- Es beginnt damit, sich selbst kennenzulernen und die eigenen Gefühle nicht mehr zu ignorieren.

- Für die anschließende Kontrolle darüber solltest Du zunächst die Verantwortung für Deine eigenen Gefühle übernehmen – und diese Verantwortung eben nicht einfach abgeben.

Grundsätzlich gilt, dass alle Bereiche der Emotionalen Intelligenz regelmäßig geübt werden wollen, damit die Fähigkeiten wirklich verbessert werden können. Vor allem die Abgrenzung von negativen Gefühlen von anderen Menschen und der zusätzliche Fokus auf die eigenen positiven Emotionen ist nicht nur in Bezug auf den EQ wichtig, sondern ist insgesamt einer der Schlüssel von einem glücklichen Leben. Nicht jeder Mensch lernt es schon als Kind, mit den eigenen Emotionen richtig umzugehen. Egal ob für den Beruf, im Privatleben oder für jede Form der Beziehung: Die Emotionale Intelligenz spielt eine bedeutende Rolle für ein glückliches Leben.

149

Fazit

Grundsätzlich handelt es sich bei der Emotionalen Intelligenz um ein umfangreiches und vielschichtiges Thema. Das liegt nicht zuletzt daran, dass die Bedeutung der Emotionen und Gefühle über einen langen Zeitraum hinweg nicht ausreichend ernst genommen wurde. Vor allem für den Erfolg im Beruf galten immer ganz andere Maßstäbe, die wichtig sind. Erfahrungen, die Leistungsbereitschaft, analytisches Denken oder die Möglichkeit, vor den Kunden das Gesicht zu wahren und Verkäufe zu erzielen, galten als wichtigere Werte. Weniger jedoch die Kontrolle oder der Ausdruck eigener Gefühle oder die Empathie gegenüber Mitmenschen. Dabei sind diese Werte für die erfolgreiche Zusammenarbeit genau wie für den Erfolg im Beruf sehr wichtig, wie Du auch in diesem Buch erfahren hast.

Wer empathisch auf einen Kunden eingeht, versteht die Sorgen und Probleme eher und schafft es, genau passend darauf einzugehen. Damit sind Verkäufe viel wahrscheinlicher und Verhandlungen können grundsätzlich auch besser durchgeführt werden. Beziehungen aller Art sind beispielsweise gar nicht denkbar, wenn die Gefühle nicht angenommen oder ausgedrückt werden können. Daher steht fest, dass die Emotionale Intelligenz für verschiedene Bereiche im Leben von großer Bedeutung ist. Die Bedeutung der Emotionalen Intelligenz erstreckt sich daher über das Privatleben hinaus und ist für den Beruf ebenfalls nicht zu unterschätzen.

Der Vorteil ist, dass Du durch die Übungen in diesem Buch Deine Fähigkeiten in Bezug auf die Gefühle deutlich verbessern kannst. Außerdem lernst Du Dich durch die Übungen besser kennen, lernst, andere Menschen besser zu verstehen und die einzelnen Gefühle besser zuzuordnen. Das macht sich im Anschluss in Beziehungen genau wie im beruflichen Umfeld bemerkbar. Daher ist es kein Wunder, dass im Laufe der Zeit die Bedeutung der Emotionalen Intelligenz immer mehr erkannt wurde. Sogar das Selbstbewusstsein steigt, die Fähigkeit, mit Stress umzugehen, wird besser und Konfliktsituationen führen in Zukunft auch nicht mehr zur großen Verzweiflung.

Traue Dich und beginne mit den Aufgaben, sodass Du schon bald Deine Kompetenzen in Bezug auf die Emotionale Intelligenz steigern kannst. Was fällt Dir persönlich schwerer? Die Selbstwahrnehmung, die Kontrolle und das Verständnis der eigenen Gefühle – oder vielleicht doch eher die Empathie? Erkenne die Schwachstellen und finde heraus, wie Du diese gezielt bearbeiten und verbessern kannst. Nimm Dir dafür ausreichend Zeit – dann können sich die großen Veränderungen auch einstellen und Dein Leben nachhaltig verändern. Viel Erfolg erst einmal bei der Umsetzung!

Julian Prusse

Rechtliches und Impressum

Dieses Buch verweist auf Inhalte Dritter. Der Autor erklärt hiermit ausdrücklich, dass zum Zeitpunkt der Linksetzung keine illegalen Inhalte auf den zu verlinkenden Seiten erkennbar waren. Auf die verlinkten Inhalte hat der Autor keinen Einfluss. Deshalb distanziert der Autor sich hiermit ausdrücklich von allen Inhalten aller verlinkten Seiten, die nach der Linksetzung verändert wurden. Für illegale, fehlerhafte oder unvollständige Inhalte und insbesondere für Schäden, die aus der Nutzung oder Nichtnutzung solcherart dargebotener Informationen entstehen, haftet allein der Anbieter der Seite, auf welche verwiesen wurde, nicht aber der Autor dieses Buches.

1. Auflage
Copyright 2024 – Julian Prusse

ISBN: 978-3-98935-508-8

Lucid Page Media (ein Imprint der Orbita Media
GmbH)
Ericusspitze 4
20457 Hamburg
Deutschland
kontakt@lucidpagemedia.de

Coverfoto: Black Salmon/shutterstock.com
Formatierung: Julian Prusse